Je ne joue plus !

JEAN-JACQUES EYDELIE
avec la collaboration de Michel Biet

Je ne joue plus !

l'Archipel

Si vous désirez recevoir notre catalogue et être tenu au courant de nos publications, envoyez vos nom et adresse, en citant ce livre, aux Éditions de l'Archipel,
34, rue des Bourdonnais 75001 Paris.
Et, pour le Canada,
à Édipresse Inc., 945, avenue Beaumont,
Montréal, Québec H3N 1W3.

ISBN 2-84187-819-8

À ma femme, Christine.
À mes enfants, Johan, Antoine,
Jean-Baptiste, Paul et Mathis.

Prologue

Oui, j'ai menti à la justice. Je le reconnais, enfin. C'était en 1993. À cette époque, je joue pour l'Olympique de Marseille. L'OM vient de remporter les quatre derniers championnats de France. Cette équipe domine le football français grâce à un homme. Son président. Bernard Tapie. Pour moi, porter ce maillot est un honneur et une fierté. Ce club est unique, sans équivalent dans notre pays. La ferveur et la vénération qu'il génère chez ses supporters n'ont que très peu d'équivalent à l'étranger. Les victoires prennent une dimension irréelle, difficilement descriptible. Les défaites virent au drame. La passion enveloppe l'OM au quotidien. Dans une carrière, cette équipe ne se refuse pas. Chaque footballeur désire, au plus profond de lui, être soutenu par le Vélodrome, vaincre dans ce stade et partager les titres conquis avec ce public. Les émotions restent alors à jamais gravées. Un culte est voué à ceux qui permettent à la formation phocéenne de dominer le championnat et de briller en Europe. Qu'ils soient joueurs, entraîneurs ou dirigeants. À l'OM, tout est excès. À l'image du club, mon année sur la Canebière reste la plus extraordinaire de ma carrière, la plus dramatique aussi.

Quelques jours avant la finale de la Coupe d'Europe des clubs champions[1], gagnée contre le Milan AC, nous disputons un match de première division[2] à Valenciennes. L'équipe nordiste est quasiment condamnée à descendre. De notre côté, nous sommes en route pour le titre, un cinquième consécutif, et ainsi à même de battre le record du grand Saint-Étienne des années 70. Un exploit. Trois joueurs valenciennois sont achetés pour lever le pied. Je les connais tous. Dans la transaction, je suis chargé de les joindre par téléphone afin de les mettre en relation avec le directeur général marseillais, Jean-Pierre Bernès. Dans un second temps, je confie à l'épouse de l'un d'eux une enveloppe contenant une certaine somme d'argent. C'est le début de l'affaire VA-OM. Je suis l'un des acteurs majeurs du plus gros scandale du football français. Un rôle d'une minute. Je suis au centre de cette machination, le seul en contact avec les corrompus, les corrupteurs, la justice, les plus hauts dirigeants de ce sport...

Ces soixante secondes vont transformer ma vie.

Par le passé, quatre éditeurs m'ont proposé de raconter ma trajectoire. Malgré des propositions alléchantes, j'ai toujours refusé. En 2003, dix ans après les faits, il est évident que la publication de

1. Aujourd'hui rebaptisée Ligue des Champions.
2. Aujourd'hui rebaptisée Ligue 1.

mon témoignage aurait été un bon coup marketing, médiatique et, certainement, financier. Mais, ce n'était pas le moment, ni pour les miens, ni pour moi-même. Nous n'avions pas encore achevé notre thérapie familiale. Être à nouveau exposé aurait été incorrect vis-à-vis de ma femme et de mes cinq fils.

Rarement je n'ai parlé de VA-OM en dehors des prétoires. La priorité absolue était de me relever.

Cette affaire m'a détruit sportivement et humainement. Il m'a fallu treize ans pour m'en remettre.

Si je souhaite recommencer une nouvelle vie, je dois au préalable vider cette cuve au contenu nauséeux. Elle contient toutes les dérives de l'univers du ballon rond. Elle renferme les promesses non tenues, les trahisons, la lâcheté, les magouilles... Mais, surtout, elle cache bien des mensonges. Ceux des autres comme les miens. Jamais je n'ai livré la vérité à la justice. Je savais ce qu'elle attendait. Je ne le lui ai pas donné. Je n'ai pas « vendu » Bernard Tapie. La seule et unique cible de toute cette histoire.

Avec ce livre, je nettoie donc cette cuve, je mets un point final à cette affaire. M'expliquer m'apparaît comme l'issue appropriée. M'expliquer après toutes ces années de silence. Pour que la tricherie et le mensonge s'éloignent, définitivement, du nom d'Eydelie. Pour les miens, même si nous avons souvent échangé sur le sujet. Pour tous ceux qui ont suivi ce « feuilleton ». Pour tous les supporters olympiens. Pour ces jeunes dont j'ai envie de m'occuper. Qu'ils sachent véritablement qui est leur éducateur. Pour tous les adolescents qui veulent exister dans ce milieu. Pour leurs parents. Je veux que mon expérience les alerte. Elle leur évitera, peut-être, de commettre une erreur similaire, aux conséquences insoupçonnées. Une vie ne tient pas à grand-chose. Un mauvais choix, une décision non prise, un silence. Il suffit d'une minute…

Les acteurs du foot en France n'apprécieront pas tous ma vérité. C'est certain. Mais je ne pourrai pas être plus paria que je ne le suis actuellement.

Avec ce livre, je me libère d'un poids qui m'étouffe depuis le mois de mai 1993 – voire bien avant. Les dérives dans ce milieu n'ont pas commencé avec Marseille. Elles n'ont pas non plus disparu avec le jugement de VA-OM.

J'évoquerai donc le rôle de Bernard Tapie. Je n'ai plus rien à cacher. Mais, je n'oublierai pas les autres : Didier Deschamps, Marcel Desailly, Noël Le Graët[1], Jean Fournet-Fayard[2]… si brillants lors du bal des hypocrites. En leur compagnie, vous pourriez danser toute une vie. Dans la mienne, ils quittent la piste au moment où j'ai besoin d'eux.

---

1. En 1993, il est président de la Ligue nationale de football (LNF), dénommée maintenant Ligue de football professionnel (LFP). Remplacé par Gérard Bourgoin, le 6 juillet 2000, il est aujourd'hui président de Guingamp (Ligue 2), membre du Conseil fédéral de la Fédération française de football et vice-président de cette même FFF, depuis février 2005. En 1995, il est élu maire de Guingamp, dont il est aujourd'hui encore le premier élu.
2. En 1993, il est président de la FFF, dont il démissionne le 29 décembre 1993. Il en est aujourd'hui le président d'honneur.

PROLOGUE

Ce livre est une délivrance. Je raconte tout. L'environnement sulfureux, les pressions politiques et sportives, les complots, les accords, les non-dits… Pour la première fois, je parle librement.

Dorénavant, je ne joue plus !

1
Au fond du trou

J'entre dans la légende du football français le 26 mai 1993, à Munich, en Allemagne. Avec Boli, Deschamps, Barthez, Völler, Angloma, Pelé et les autres joueurs de l'OM, je remporte la Coupe d'Europe. J'évolue dans l'équipe la plus médiatisée, la plus populaire de l'Hexagone et je gagne la plus prestigieuse compétition du vieux continent.

Quelques jours plus tard, je parade dans les jardins de l'Élysée, à côté du président de la République, François Mitterrand. Avec mes coéquipiers, je suis acclamé par des centaines de milliers de supporters en délire au stade Vélodrome et dans les rues de Marseille. J'ai la sensation que les médias sont à nos pieds, que le pays nous admire, nous aime. L'OM parvient au Panthéon du sport tricolore après quatre-vingt-dix minutes et ce but inscrit face aux stars du Milan AC.

Je réalise l'un des deux rêves de ma vie.

Un mois et un jour plus tard, je passe ma première nuit en prison. Numéro d'écrou 19 719. À cet instant, j'en suis convaincu, une fois toute cette affaire VA-OM terminée, plus jamais je ne vivrai dans le mensonge et la tricherie. J'entame la période la plus dégradante, la plus humiliante et la plus avilissante de mon existence.

Deux mètres de large sur trois de long. Tout est cimenté, scellé. Un lavabo. Un matelas qui ne mérite pas son nom. Pas de lumière. L'endroit me paraît insalubre. Je découvre l'univers carcéral. Je suis au mitard de la prison de Valenciennes. Dorénavant, dans mon existence, il y aura un avant et un après.

Voilà la punition infligée par Bernard Beffy, chargé de l'instruction sur la présumée tentative de corruption lors du match Valenciennes-Marseille. D'entrée, il me réduit à néant. Il se sert du plus faible pour atteindre le plus fort… Bernard Tapie. Le juge semble pressé. Il attend que je « balance ». Ce moyen de pression est inutile. S'il espère qu'une journée au trou m'amènera à craquer, il se trompe. Lorsqu'on lui parle de chantage procédural tout au long de l'enquête, Éric de Montgolfier, le procureur de la République, énonce l'un de ses principes. « Les juges, de temps en temps, acceptent de se salir les mains dans un intérêt social supérieur[1]. »

Je gamberge. Trop de questions et d'idées s'entremêlent dans mon esprit. Cette affaire jette l'opprobre sur ma personne. Je réfléchis à ce que j'ai commis. Je m'inquiète plus des répercussions familiales de ma situation que de mon avenir judiciaire. J'ai sali le nom d'Eydelie. Quelle image mes parents ont-ils de moi ? Et Christine, ma femme ? Et Johan et Antoine, mes deux fils ? Aujourd'hui trop jeunes

1. *Le Monde*, 24 juillet 1993.

pour tout comprendre, mais demain ? Je me sens comme un coureur cycliste qui se dope en cachette des siens. Comme le supporter lambda, ils doivent s'interroger.

Quel est son rôle ? Jusqu'où est-il allé dans cette manipulation ? Comment en est-il arrivé là ? S'il a corrompu, peut-être a-t-il commis d'autres délits ? Est-il un habitué de ces dérives ?

Toutes ces questions qu'ils se posent sans doute m'insupportent. Ma souffrance morale vient essentiellement de la douleur infligée à mes proches, plus difficile à accepter que l'enfermement. Je sais qui je suis, je sais ce que j'ai fait. Pas eux. Suis-je, à leurs yeux, un pestiféré ? Je n'ai qu'une envie, quitter ces quatre murs pour m'expliquer. Leur raconter la vérité, pas celle retranscrite par la presse. J'ai hâte de vérifier dans leur regard que leur confiance et leur amour survivront à cette sale histoire. Je sais déjà que les mots ne suffiront pas. Les mois, les années qui viennent leur prouveront par mes actes ma véritable personnalité.

Je pense également à Jean-Claude Suaudeau. Mon formateur. Mon guide. Mon exemple. J'ai tellement d'admiration et de respect pour cet entraîneur nantais. J'imagine sa déception. J'ai dévié du chemin tracé par ses soins. La droiture. Oserai-je, un jour, de nouveau croiser son regard ?

Pour la première fois de mon existence, je me retrouve avec moi, face à moi. Seul. Pas d'amis, pas de victoire à fêter, pas de parents, pas de famille, pas de supporters ou de coéquipiers... Loin de Christine également. Impossible de me fuir. En quelques secondes, le mythe Jean-Jacques Eydelie s'effondre pour Jean-Jacques Eydelie lui-même. Je descends de mon nuage de footballeur professionnel. J'ai conscience, dorénavant, de ce que signifie l'expression « être au fond du trou ». Au propre comme au figuré.

Le mitard ne libère pas ma parole : « Je n'ai rien à déclarer, je ne parlerai qu'en présence de mon avocat[1]. »

Vingt-quatre heures après mon arrivée en prison, changement de décor. Dix mètres carrés. Un lit superposé. Je bénéficie d'un matelas, un vrai. Enfin, à peu près. Un WC. Un lavabo. Un savon, une brosse à dents, un tube de dentifrice. Une table. Une chaise. Pas de fenêtre. Malgré une ampoule jaunâtre, ce réduit demeure dans la pénombre. Quelqu'un de l'entourage de Tapie, je suppose, dépose 3 000 francs sur mon « compte bancaire » de l'établissement pénitentiaire. Je partage cette somme en deux parties égales. Je destine la première moitié à l'achat de fruits et de légumes. Un gardien les distribue à tous les détenus. J'effectue cela sans arrière-pensée. Je désire uniquement leur procurer un peu de plaisir et leur témoigner ma solidarité. « Allez, l'OM ! », « Quand le virage se met à chanter, c'est tout le stade qui va s'enflammer »... Très vite, j'entends les chants du Vélodrome prendre de plus en plus d'ampleur. L'identité olympienne résonne dans ce long corridor, habituellement si lugubre. Moment extraordinaire. Je suis ému.

C'est l'unique instant de communication, de partage entre les détenus et moi. Je suis totalement isolé. Je n'ai pas droit aux promenades communes. Je ne

---

1. Extrait du procès-verbal de mon interrogatoire du 28 juin 1993 par l'inspecteur Michèle Botte, lors de ma garde à vue.

peux voir personne, ni parler à quiconque. Une mesure prise pour éviter toute fuite vers l'extérieur. À ce sujet, l'hebdomadaire *VSD* écrit : « À Marseille, on est choqué des mesures qui ont frappé le jeune joueur Eydelie : pas de lumière, pas de visite[1]... » En dehors des rendez-vous chez le juge, je quitte rarement ma cellule.

Avec les 1 500 francs restants, je règle mes courses. Une liste de cantine est à ma disposition. Je coche ce que je désire acheter. J'effectue une grosse ponction pour manger convenablement même si j'ai droit à la « soupe », comme tout le monde. Je me procure aussi un minimum de confort. Je m'offre un survêtement Adidas, une paire de baskets, des slips et des chaussettes. Je n'avais pas de tenue de rechange, pensant, bien évidemment, ne rester que quelques heures à Valenciennes.

Et, surtout, je m'offre la télévision. Elle est allumée en permanence, comme la radio d'ailleurs. France Info rythme les minutes dans l'attente des journaux de 13 heures et de 20 heures. J'écoute tout, je regarde tout. Je ne veux rien manquer. C'est ma seule activité. Je suis surpris de voir l'ampleur que prend cette histoire.

Ma photo, mon nom sont omniprésents. Pour les médias, je suis le seul acteur de la corruption. Pour cela, j'en veux au juge Beffy. Il me livre en pâture pour atteindre Bernard Tapie.

Ici, l'ensemble du personnel me semble conditionné pour me pousser à tout déballer. Des surveillants au responsable, ils m'incitent tous à lâcher le « Boss ». Le directeur me reçoit à plusieurs reprises

1. *VSD*, 17 juillet 1993.

pour me distiller ses conseils : « Revenez dans le droit chemin. Mettez tout à plat. Parlez et vous sortirez. »

Rien ni personne ne modifiera ma ligne de conduite. Je me prépare à effectuer la totalité des quatre mois de préventive. Je reste fidèle à mon engagement envers Tapie. Je ne dis rien.

Surtout pas la vérité.

2
Le début de la fin

Février 1992. Un coup de fil fait basculer mon destin. Je suis avec ma femme et mon fils Johan dans le salon. Une soirée semblable à bien d'autres jusqu'à l'appel téléphonique de Jean-Pierre Bernès. Sans détour, le directeur général de l'OM annonce l'objet de cette communication tardive.

— On te veut la saison prochaine.

Pas d'autres détails, pas d'explication ou d'argumentaire superflus. Ma réaction est à l'identique. Directe.

— Il n'y a qu'un endroit, en France, où je veux jouer. Marseille.

Le bras droit de Tapie m'appelle à un moment stratégique vu ce que je traverse. Tout est calculé, mûrement réfléchi. J'en suis convaincu. Blessé depuis le 29 novembre précédent, je sors d'une lourde opération du grand adducteur. Mon retour à la compétition est prévu fin mars. Pour un sportif professionnel, ces périodes se révèlent toujours délicates à gérer. Le doute, le questionnement sur l'avenir obsèdent. De plus, ceux que je qualifiais « d'amis » me soutiennent peu. Par mimétisme, je deviendrai comme eux. Jamais le temps de prendre des nouvelles d'un coéquipier blessé. C'est con. Mais dans le foot, c'est ainsi. Ce contact du club numéro un me rassure. Ses dirigeants se renseignent sur moi. C'est bon signe. Malgré mon absence des terrains, je suis donc toujours dans le coup. S'ils veulent m'engager, c'est aussi parce que mon contrat avec le FC Nantes s'achève en juin prochain. Je serai donc libre de tout engagement. Marseille n'aura pas besoin de payer un transfert. C'est toujours plus intéressant que de sortir plusieurs millions de francs. Évidemment.

Le chirurgien pensait qu'il me faudrait quatre mois pour recouvrer toutes mes capacités physiques. Je reprends la compétition après deux mois et demi d'indisponibilité. Seulement. Le 7 mars, je suis sur la pelouse de La Beaujoire pour la réception de… Marseille.

Deux jours avant cette rencontre, un joueur important de l'OM me téléphone avant de joindre mon coéquipier Marcel Desailly, pour le même motif[1]. Le message délivré ne laisse place à aucune ambiguïté.

Je mets le haut-parleur. Mon père écoute le monologue. Il est stupéfait.

— Tu le sais, je crois. L'OM te veut. Ce serait donc bien que le match se passe le mieux possible pour Marseille. Dès que je raccroche avec toi, j'appelle Marcel. Les dirigeants sont intéressés par vous

1. Le 5 octobre 1993, le parquet de Nantes ouvre une enquête préliminaire sur cette éventuelle tentative de corruption.

deux. Pour vous, c'est important en vue de l'année prochaine.

Ce jour-là, pour moi, les rumeurs qui entourent les méthodes de l'OM deviennent réalité. J'entrevois ce que beaucoup racontent... Le principe est simple. Quelques jours avant un match, un joueur marseillais joint un adversaire par téléphone. Ils se connaissent bien pour avoir porté, par le passé, le même maillot. Le premier signifie au second que l'OM aimerait s'attacher ses services la prochaine saison. Pour cela « il serait bien que le match se passe le mieux possible pour Marseille ». Décryptage : « N'en fais pas trop, ne te donne pas à fond, laisse filer. Même si tu es mauvais sur cette rencontre, on sait que tu es bon puisqu'on veut t'engager. » Reste un « détail », non négligeable. Parfois, le club ne souhaitait pas réellement acquérir le joueur contacté...

La veille du match, en me dirigeant vers le bureau des entraîneurs pour éviter tout malentendu, je croise Georges Eo.

— On m'a contacté pour laisser filer le match[1]...

— OK, je vais en parler à Coco, me dit-il.

Je n'en entendrai plus jamais parler.

Le soir, je reçois un autre appel en provenance de la cité phocéenne. Cette fois, c'est Bernès.

— Libre à toi de ne pas accepter. Même si tu refuses de lever le pied, si on gagne, tu recevras quelque chose[2].

---

1. Procès-verbal de mon audition du 12 juillet 1993 par le juge Beffy.

2. Trois mois après mes débuts à l'OM, mon compte est crédité d'un virement du club de 300 000 francs. Au titre d'une prime exceptionnelle.

Ce 7 mars, j'ai joué normalement. Marcel, je ne sais pas. À un moment de la partie, Papin échappe à nos défenseurs. Il marque. Nous perdons 0-1.

Dès la fin du championnat, Jean-Pierre Bernès convient d'un rendez-vous afin d'aborder les questions préalables à la signature de mon contrat. L'entretien se tient à l'aérogare d'Orly Ouest.

Restaurant le Maxim's. Je me retrouve autour d'une table avec l'homme de confiance de Tapie. Yeux dans les yeux, nous discutons des modalités de mon contrat. Seulement lui et moi. Pas d'intermédiaire, pas d'agent. Jusque-là, Dominique Rocheteau s'occupait de mes intérêts. Mais le directeur général olympien refuse la présence de l'ancien buteur des Bleus de Platini.

— Pas de Rocheteau entre nous.

Par correction à son égard, j'alerte « l'Ange vert » de la position des dirigeants marseillais. Ils lui reprochent de ne pas avoir été correct dans la gestion du dossier concernant la possible venue de David Ginola sur la Canebière. Je ne cache pas ma position à l'ancienne star de Saint-Étienne et du PSG.

— Avec ou sans toi, j'irai à l'OM.

— Réfléchis bien, Paris te suit également. Cela peut être intéressant pour toi.

L'ex-buteur des Bleus ne m'apporte aucune autre précision. À plusieurs reprises, je tente de le joindre. Sans succès. J'opte donc naturellement pour l'OM.

Bernès entame la discussion. La négociation démarre aussitôt.

— On va te faire signer trois ans, combien tu veux ?

— 200 000 francs bruts par mois et trois millions sur les trois ans, sous forme de prime à la signature.

Classique. Étant libre de tout contrat, l'OM réalise l'économie d'une indemnité de transfert. Je suis dans une situation intéressante. La réaction du numéro deux de l'OM est révélatrice.

— Hou là ! Vu les chiffres que tu m'annonces, je ne peux pas prendre la responsabilité de te donner une réponse. On ne pensait pas à cette somme. Nous allons en parler directement à Tapie.

Sans plus attendre, nous prenons un taxi. Bernès indique la destination.

— Rue des Saints-Pères, dans le VIIe arrondissement.

Nous nous retrouvons devant l'imposant hôtel particulier de la famille Tapie, en plein cœur de Saint-Germain-des-Prés. Une demeure en pierre de taille du XVIIe siècle, 800 mètres carrés de jardin, le tout estimé à 100 millions de francs. Ça en impose. Bernès sonne.

— C'est Jean-Pierre.

Maria, la gouvernante, nous ouvre la lourde porte d'entrée. Une monumentale table en émeraude trône dans le hall d'entrée. Selon mon accompagnateur, elle vaut plusieurs centaines de milliers de francs.

Bernard Tapie apparaît en haut d'un escalier. Tenue décontractée. Il descend tranquillement. Il me salue. Nous montons tous les deux jusqu'à son bureau. Je n'y connais pas grand-chose mais tous les meubles me paraissent valoir une fortune. Le maître des lieux me dirige vers un petit salon. Il m'avoue être surpris par ma demande de salaire.

— T'as du culot, tu n'as encore rien prouvé dans ta carrière. Cela me semble un peu trop. Mais pourquoi tu veux signer à l'OM ?

— Pour une seule raison : être champion d'Europe. Rien d'autre. Et vous, pourquoi vous me voulez ?

— Je préfère que tu casses les adversaires que mes joueurs. Tu es un fou dangereux. Je préfère t'avoir avec moi que contre moi.

Il m'a très bien cerné. Je revendique sa description. Sur le terrain comme dans la vie, je m'engage à fond. Pour preuve, deux sévères agressions l'une sur le Marseillais Amoros en 1991 au Vélodrome, l'autre sur l'attaquant de Monaco, George Weah, en avril 1992, à la Beaujoire. Je ne me plains jamais, je ne réclame rien si les engagements sont respectés.

— On va voir ce que tu donnes sur un an. On signe un an avec une option pour deux ans supplémentaires. On va faire 200 000 la première saison, puis 250 000 et 300 000 la troisième année. Tu toucheras 1,5 million de francs à la signature et le même chèque dans un an.

— J'accepte.

Nous nous serrons la main. Il conclut.

— Pour le reste, tout sera organisé, on s'occupe de la maison, de ta famille…

En une demi-heure, je suis devenu un joueur de l'OM.

3

Marseille, le rêve

Tout s'enchaîne comme Tapie l'a annoncé. La secrétaire de Jean-Pierre Bernès appelle mon épouse.

— Madame Eydelie, on vous a réservé vos places pour l'avion. Vous ne vous occupez de rien, vos billets vous attendent à l'embarquement. Arrivées sur place, quelqu'un vous prendra en charge. On vous a préparé quatre villas à visiter. On vous attend.

Nous entrons dans une nouvelle dimension. Christine est, de prime abord, très impressionnée. Quelques jours plus tard, elle s'envole, avec une amie, pour Marseille. Je lui donne une seule consigne : « Fais-toi plaisir. » Je reste à Nantes pour célébrer ma future destination avec quelques amis, dont mon coéquipier Joël Henry. Mon grand pote, le parrain de mon fils aîné, Johan.

À Marignane, le directeur de l'aéroport vient l'accueillir en personne à la descente de l'avion. Il l'accompagne ensuite jusqu'à un chauffeur mis à sa disposition et à cellle de son amie. Ce dernier les conduit jusqu'au siège de l'OM, avenue du Prado. La réception est sobre mais chaleureuse. Antonella Vassalucci se présente.

— Bienvenue, très heureuse de vous connaître et de vous accueillir à l'OM. Nous nous sommes parlé au téléphone. M. Bernès va vous recevoir.

Christine est surprise d'être reçue par le directeur général. Elle imaginait qu'un homme de cette importance ne disposerait pas de quelques minutes pour converser avec elle, une simple femme de joueur. À Nantes, aucun dirigeant ne lui prêtait attention. Elle a rapidement conscience que nous mettons les pieds dans un grand club. Bernès lui détaille son séjour dans la cité phocéenne. Une chambre a été réservée à son intention dans le plus somptueux hôtel marseillais, le Sofitel Palm Beach.

— Avant de visiter votre future maison, est-ce que cela vous ennuie de déjeuner avec moi ? Je vous propose que nous prenions notre repas dans le restaurant où les joueurs se rendent régulièrement, le Brazilia, juste à côté du Vélodrome.

À la fin du repas, il a, une nouvelle fois, quelques mots délicats, rassurants.

— Vous serez très bien ici. Tout se passera bien. S'il y a un problème, si vous avez besoin de quoi que ce soit, vous appelez Antonella, elle sait toujours où me joindre. Je vous souhaite un bon après-midi.

Christine a l'impression de connaître Bernès depuis longtemps. Ses premières sensations sont excellentes. Au téléphone, abasourdie, elle me confie qu'elle est « traitée comme une reine ».

Elle visite plusieurs maisons, dont celle occupée auparavant par Éric Cantona, à quelques kilomètres d'Aubagne, perdue dans le Garlaban de Marcel Pagnol. Canto voulait la vendre mais il accepte de nous la louer. Elle est merveilleuse. Deux cent vingt mètres carrés de superficie. Tomettes au sol. Les couleurs se marient parfaitement à la Provence. Bleu, orange. Une décoration soignée et pleine de goût. À l'image des appliques, très originales. Plusieurs niveaux. Trois chambres à l'étage, une autre au rez-de-chaussée, deux salles de bains, une petite cuisine très mignonne, elle aussi dans les tons provençaux. Une piscine de six mètres sur douze. Cinq mille mètres carrés de terrain. Un appartement dans le jardin pour y loger les amis. Ma femme craque pour ce mas. Notre loyer à Nantes était de 5 400 francs. Il passe à 16 000 francs par mois.

Retour à l'hôtel, sur la corniche Kennedy. Une chambre face à la mer. Sur une table, une panière de fruits, des fleurs et une carte : « Avec les compliments du Sofitel Palm Beach. »

Au téléphone, son enthousiasme est communicatif : « C'est un club magnifique. Je rêve, je suis dans un autre monde. Jean-Jacques, je suis heureuse pour toi. Nous serons bien ici. »

Dernier repas à Nantes. Restaurant Les Petits Saints. Cuisine raffinée. Aumônière au foie gras, choucroute de la mer au beurre blanc. Cadre prodigieux. Une ancienne abbaye. Des voûtes gothiques du XIIe siècle. Cette adresse n'est pas anodine. J'ai aidé un couple à monter cette affaire. Je connais Christian et Fernande depuis l'âge de dix-sept ans. Ce sont nos témoins de mariage. Avant de rejoindre Marseille, avec Christine, nous tenons à partager ces quelques heures en leur compagnie. Ce soir-là, dans ce cadre feutré, intimiste, je laisse éclater mon ambition. Comme une promesse faite à mes amis les plus chers.

— Je serai l'un des onze joueurs qui gagneront la Coupe d'Europe. J'appartiendrai à l'équipe qui permettra à l'OM de porter une petite étoile sur son maillot.

J'en suis persuadé. Rien ne m'arrêtera. Je soulèverai la coupe aux grandes oreilles. Je brandirai ce trophée. Je travaillerai comme jamais pour être sur le terrain le jour de la finale. Je sais que j'en ai les capacités physique, technique et mentale. Je ne suis pas un utopiste. J'y arriverai parce que je le désire, plus que tout, plus que tout autre joueur au pedigree ronflant. Tapie a raison, je n'ai jamais rien gagné. Je n'aurai peut-être qu'une ligne à mon palmarès. La seule qui m'intéresse. La plus prestigieuse. Champion d'Europe. Avec Marseille.

4
Jusqu'ici, tout va bien

Dès les premiers jours, Christine prend conscience que Marseille vit au rythme de l'OM. La baby-sitter de Johan, l'institutrice, la boulangère... tout le monde lui parle de l'équipe dans laquelle évolue son mari. Si, à Nantes, il était aisé de passer inaperçu, c'est plus délicat ici. Sur le marché d'Aubagne, à Auchan où nous allons faire nos courses, je suis sans cesse interpellé. Pour elle, ce sont les stars qui signent des autographes. Les journalistes sont plus pressants, omniprésents. Ils téléphonent à la maison pour prendre rendez-vous. Elle se plie à des séances de photos pour certains journaux qui font des sujets sur les épouses ou les compagnes de joueurs. Elle se sent un peu potiche au milieu de toutes ces autres jolies femmes.

Je suis ébahi par les joueurs que je côtoie, quotidiennement, à l'entraînement. Je les respecte. Jocelyn Angloma, Bernard Casoni, Basile Boli, Éric Di Meco, Franck Sauzée, Jean-Philippe Durand, Manuel Amoros. Ils sont tous internationaux, avec Michel Platini pour sélectionneur. Il y a aussi le Ghanéen Abedi

Pelé. Le Croate Alen Boksic, champion du monde juniors avec la Yougoslavie. Il a la lourde tâche de succéder à Jean-Pierre Papin, idole du Vélodrome. L'Allemand Rudi Völler, venu de l'AS Rome, champion du monde deux ans plus tôt. Sans oublier deux gardiens hors norme, Pascal Olmeta, champion de France les deux saisons précédentes. Et, un jeune inconnu... Fabien Barthez. Je retrouve deux anciens coéquipiers nantais : Didier Deschamps et Marcel Desailly.

Un peu plus âgé qu'eux, je les vois grandir à La Jonelière[1], le centre d'entraînement des Canaris. Je les sors souvent. Ils n'ont pas encore le permis de conduire. Un coup à boire, un restaurant, une virée en boîte de nuit, les premières copines. Lorsque je suis stagiaire pro, j'entraîne l'école de foot. Parmi les jeunes pousses, il y a Marcel. Je « bringue » souvent avec Seth Adonkor, son demi-frère.

Deschamps et Desailly ont toujours été très potes. Les épreuves de la vie ont, sans doute, encore plus rapproché ces deux joueurs au caractère si particulier.

En décembre 1989, Deschamps part le premier. Acheté par Tapie. Six mois après, il est prêté à Bordeaux. Au terme d'une saison en Gironde, il supplie l'homme d'affaires de le reprendre. En contrepartie, il s'engage auprès de lui « à faire tout ce que vous voudrez ».

---

1. J'intègre le centre de formation de Nantes en 1980, Deschamps en 1982 et Desailly l'année suivante. Ce dernier a toujours évolué au FC Nantes dans les équipes de jeunes. Je signe mon premier contrat professionnel en 1985 en même temps que Didier. Marcel devient pro en 1988.

En 1992, avec Marcel, nous signons à l'OM.

À Marseille, Deschamps n'est pas proche de ses coéquipiers. Malgré son jeune âge, vingt-quatre ans, il est notre capitaine. Mais il ne nous représente pas. Il ne défend pas nos revendications, nos intérêts. Individualiste, seul le sien compte. Il n'écoute que les dirigeants. Chaque jour, le circuit téléphonique de Tapie passe d'abord par Bernès, pour s'achever par Didier. À force de se plaindre des appels du patron à 3 ou 4 heures du matin, nous comprenons vite qu'il est sa taupe. Il vient à la pêche aux renseignements. Et le président n'est pas déçu. Il lui raconte tout sur le groupe. Qui se plaint, qui n'est pas en forme, qui a dit quoi... Le milieu de terrain ne doit pas être surpris de sa faible cote de popularité au sein de l'équipe. Pendant les mises au vert, il passe son temps avec les décideurs. Mais, en homme intelligent, il évite les clashs. Ainsi, dans le vestiaire, il ne se frotte pas aux joueurs qui jouissent d'un caractère bien trempé et dotés d'une forte personnalité. Si Casoni, Olmeta, Di Meco ou Amoros interviennent, avec leur franchise habituelle, « Desch » est vite débordé. L'ensemble de notre formation a du mal à accepter qu'il donne son avis au président pour la composition de l'équipe.

Il s'emploie à bâtir son image. Ses cours de communication suivis à Nantes sont rentabilisés. Toujours très consensuel dans ses réponses. Jamais de vagues. Il peut répondre à une question pendant des heures. Cela paraît intéressant à la première écoute. À la deuxième, c'est vide.

À son départ de la cité phocéenne pour Turin et la Juventus, il tourne le dos à ses amitiés marseillaises.

Plus de nouvelles. Il les oublie. Il utilise les gens comme des Kleenex. Quand il n'en a plus besoin, il ne sait plus qu'ils existent.

Didier Deschamps est opportuniste. Il s'accapare tout ce qu'il peut. Pas de place pour les sentiments. Lui et Desailly préparent méticuleusement leur réussite. Ils se révèlent calculateurs.

Mais Marcel connaît des débuts à l'OM catastrophiques. Peu de temps après son transfert sur la Canebière, Tapie et Bernès ne le veulent plus. Déçus par ses prestations. Bousculé par ce duo intransigeant, il n'est plus le même. Méconnaissable. Même Deschamps ne parvient plus à le défendre.

Jusque-là, il avait toujours été assisté. À Nantes, l'ombre de son demi-frère l'a protégé, couvé. Milieu défensif des Canaris, Seth a toujours suscité admiration et respect. Involontairement, Desailly en a profité. Un soir, fin août, j'évoque son cas avec Christine.

— C'est chaud pour Marcel. Tapie et Bernès ne le supportent pas. Ils veulent le virer. Il vient manger à la maison demain midi.

— Si cela peut lui remonter le moral, il n'y a pas de problème.

Je lui lance l'invitation.

— Demain, tu viens manger à la maison. À midi. J'ai à te parler. On va s'envoyer de bonnes entrecôtes.

Durant tout le déjeuner, je lui remets le cerveau en place.

— Marcel, tu vas réussir à l'OM. Marcel, je sais ce dont tu es capable. Je crois en toi. Il n'y a pas de raison que tu n'y arrives pas. Tu es le meilleur. Tu n'as plus à réfléchir. Tu marches sur la gueule de tout le monde. Tu écrases tout.

Je connais le joueur. Il ne peut pas être devenu mauvais du jour au lendemain.

— Marcel, tant que tu ne comprends pas, tu ne sors pas d'ici.

Le soir, il dîne à nouveau chez nous, avec son pote nantais, Philippe.

Je lui tiens le même discours, lui remémore des matches disputés ensemble avec les Canaris. Je touche la corde sensible. Le jour suivant, il est transformé. Il gagne sa place pour ne plus jamais quitter l'équipe type. Tant mieux. J'ai agi ainsi par instinct. Sans rien attendre en retour. Je ne suis certainement pas le seul à lui avoir permis de retrouver ses capacités. J'y ai contribué.

Malgré la présence de toutes ces stars, je suis à Marseille pour y gagner ma place. Je suis prétentieux sur le terrain. Il est nécessaire que mes partenaires me connaissent le plus vite possible. Je tente de m'imposer. Je dois montrer qui je suis. J'ambitionne d'être important dans cette grande équipe, malgré la forte concurrence.

Desailly affirme, un brin paranoïaque, que ce groupe est « un panier de crabes[1] ». Je ne partage pas son opinion. L'ambiance y est excellente.

À l'OM, j'évolue dans un contexte très professionnel. Pointu. Tout est mis à la disposition des joueurs pour atteindre le plus haut niveau de performance. Être les meilleurs. Partout. Tout le temps.

Dès le stage de préparation à Font-Romeu, le décor est planté. Le staff insiste sur la diététique. Fruits et

1. Marcel Desailly et Philippe Broussard, *Capitaine*, Stock, 2002.

légumes broyés. Tel est le menu des trois premiers jours. Les entraînements sont intensifs, très soutenus. De plus, nous sommes en altitude. Le soir, on ne traîne pas pour rejoindre nos chambres. Certains perdent trois ou quatre kilos en soixante-douze heures. L'obsession de Tapie : le régime dissocié. Tous les repas débutent en entrée par... des fruits coupés. Ainsi, l'organisme se prépare à la digestion. En plat, il y a de nombreuses possibilités. Légumes cuits à la vapeur pour qu'ils conservent toutes leurs propriétés énergétiques. Ils sont accompagnés d'huile d'olive, d'ail ou de piment. Sole grillée. Bœuf cuit à discrétion. Purée de pommes de terre. Riz ou pâtes. Le principe est de ne pas mélanger les aliments, la quantité importe peu mais les graisses néfastes sont ainsi évitées. En dessert, une glace ou un laitage, yaourt ou fromage. Et, tout au long de la journée, fruits à volonté et un apport en vitamines grâce à des boissons énergétiques.

Là, je suis dans un grand club. Aucun détail n'est négligé. Le service médical est efficace. Il allie compétence et qualité d'écoute. La qualité d'écoute de ses membres permet à chacun de se confier, de se libérer mentalement. Joël Coste, l'un des médecins du club, et Jacques Bailly, le kinésithérapeute, prennent une part prépondérante dans la réussite de l'équipe. Idem pour le préparateur physique, Roger Propos. Altruiste. Psychologiquement très fort. Il nous offre la possibilité d'être au top, toute une saison. Il gère efficacement les retours de blessures.

Lors des mises au vert, je partage de longues discussions avec Barthez. Nous échangeons en permanence sur le jeu. Nous réfléchissons à ce que nous devons accomplir sur le terrain. Avec Boksic, nous élevons notre niveau de jeu, ensemble.

Fabien et Alen sont mes frères de foot. Pour moi qui suis fils unique, qui ai toujours rêvé de partager avec un frangin, cela veut tout dire. Oui, ce sont mes frères de sang. À tout jamais.

5
L'OM, paradis du footballeur

Je vis dans une euphorie permanente. Je suis impressionné par la ferveur des supporters. Le Vélodrome est un théâtre indescriptible lorsque l'on pénètre sur sa pelouse. Cette enceinte est digne de San Siro, de Santiago Bernabeu, d'Old Trafford… Pour les entraînements, par contre, nous nous changeons dans des cabines Algeco. L'OM est pourtant, depuis 1989, champion de France. Peu m'importe. Pour moi, c'est ça Marseille. On veut tout alors qu'il n'y a pas grand-chose. C'est ce qui me fascine, cette obsession de la gagne. Notamment de cette Coupe d'Europe qu'aucun club français n'a jamais remportée.

De son côté, Christine trouve ses repères. Elle sympathise avec Sophie Di Meco. Elle la trouve agréable et apprécie son accent du Sud. Pour elle, Véronique Sauzée est un « trésor ». Ensemble, elles se baladent, font les boutiques à Aix-en-Provence, déjeunent au restaurant, pratiquent la gym dans la même salle.

Christine est troublée par l'arbre de Noël organisé par le club. Tous les joueurs se doivent d'être présents en famille. Impossible de manquer ce rendez-vous. Impensable. Bernard Tapie est présent. Il pose pour la photo souvenir au milieu de ses joueurs. Chaque enfant est gâté à l'extrême. Christine trouve cela exagéré.

C'est l'occasion pour elle de croiser à nouveau Bernès. Il est toujours poli, prévenant. Il s'enquiert de la santé de nos fils, lui demande si tout lui convient. Elle est alors convaincue qu'au moindre souci il l'aidera, qu'il l'écoutera d'une oreille attentive. Impossible de lui reprocher quoi que ce soit. Il est parfait comme directeur général. Proche des familles, efficace dans son travail.

L'homme lige de Tapie règle tout dans la vie du groupe sur les recommandations du président. Il ne partage peut-être pas toujours les opinions du patron, mais il applique les consignes et les fait respecter. Rien ne lui échappe. Il sait tout, voit tout, sent tout, entend tout. Malgré sa réputation, je ne l'ai jamais trouvé odieux. Pour moi, c'est un pro.

Avant de partir en vacances pour les fêtes de fin d'année, je dispute mon premier « classico ». PSG-OM. Au Parc des Princes. La causerie se tient à l'hôtel. Lors de la collation, un article du *Journal du Dimanche* est scotché sur la porte[1]. La déclaration d'Artur Jorge, l'entraîneur parisien, est lisible de loin : « L'OM va vivre l'enfer. » Et David Ginola de renchérir dans la sémantique guerrière : « On va leur marcher dessus. » Tapie annonce le montant de la prime. 25 000 francs en cas de victoire.

1. *Le Journal du Dimanche*, 18 décembre 1992.

Dans le vestiaire, seuls le bruit des crampons, des strappings et les raclements de gorge brisent le silence. Depuis que je porte ce maillot, je n'ai jamais ressenti une telle tension. Pour Marseille, ce n'est pas un match comme les autres.

Pour la seule et unique fois de ma carrière, je prends un joueur en individuelle. Le Brésilien Valdo. Un virtuose. C'est certainement l'un des Paris-Marseille les plus violents de l'histoire. Les cartons jaunes pleuvent. Échauffourées, accrochages, tacles limites se succèdent. Ce n'est pas un grand match mais quelle tension, quel suspense ! Ginola rate son face-à-face avec Barthez, dans les ultimes secondes de la première période. À la mi-temps, le président nous retrouve dans le vestiaire.

— Si vous gagnez, je double la prime. Et toi Abedi *(Pelé)*, je te le répète devant tout le monde. Si on gagne, tu rejoins ta sélection au Ghana en avion privé avec hôtesses et tout ce qu'il faut.

Nous nous imposons sur la pelouse des Parisiens, 0-1, but de Boksic. Au classement, nous revenons à un point de Nantes. Cette prime exceptionnelle nous est versée et Abedi voyage dans le plus grand confort. Après une nuit de fête dans la capitale, nous décollons pour Marbella avec Sauzée, Di Meco et nos familles respectives.

À notre retour, nous organisons avec Christine le réveillon du nouvel an dans notre maison. Une fête extraordinaire. Les amis sont accompagnés de leurs potes pour cette soirée déguisée. Sauzée s'est transformé en Zézette du film *Le Père Noël est une ordure*. Il débarque avec un chariot piqué sur le parking du supermarché le plus proche. Di Meco porte la soutane d'un moine, avec la tonsure qui va avec. Jean-Christophe Thomas est en Claude François, Basile Boli en Aretha Franklin. Un costume de fou du roi sur les épaules, je suis comblé de partager les premières minutes de 1993 avec mes coéquipiers.

6

« Le côté obscur »

Au stade Vélodrome, je suis toujours intrigué par la présence de certaines personnes. Présentes devant les vestiaires, à proximité du tunnel qui mène au terrain. Je ne sais pas trop qui elles sont. Selon les quelques informations glanées, les on-dit, je me doute qu'elles appartiennent à ce que l'on appelle pudiquement, le milieu. Contrairement à Marcel Desailly, je ne pense pas que l'on puisse uniquement parler de folklore local[1]. Au-dessus des dirigeants de l'OM, trônent des gens plus importants. Ils sont puissants, influents. Officiellement, ils ne sont pas dans le football, ni dans le club. Mais, ils tirent les ficelles depuis toujours. Ils n'ont aucun scrupule à menacer, ponctionner, racketter. À Marseille, c'est ainsi. Gaston Defferre

1. « Des inconnus au sourire rare maraudent près des vestiaires, traînent dans les couloirs, s'aventurent jusqu'à la pelouse. Des rumeurs sur la présence d'un truand de renom, de figures du milieu corse. Il y a du vrai et du faux dans tout cela. » Marcel Desailly et Philippe Broussard, *op. cit.*

n'était-il pas proche de Mémé Guerini, le Parrain[1] ? L'OM n'a jamais appartenu au football, ni au peuple marseillais. Appartiendrait-il à Robert Louis-Dreyfus aujourd'hui[2] ? Il faut arrêter de se mentir. Tant que ces personnes seront les maîtres du jeu, le club ne pourra pas s'en sortir.

Son vice-président le mettait en garde. Jean-Louis Levreau : « Je lui ai dit un jour, en l'accompagnant à l'aéroport : "Tu devrais faire un peu attention à ton environnement. Tu as déjà assez de difficultés, ce n'est pas la peine d'en rajouter." [...] Il m'avait été rapporté qu'on l'aurait vu en compagnie de personnes auprès desquelles il serait préjudiciable pour lui d'être photographié. L'homme de confiance de Tapie, Marc Fratani, me retrouve un matin dans mon bureau à l'OM : "Toi, si tu continues à vouloir faire le ménage autour de Bernard, il va t'arriver des problèmes. On va te casser la tronche [...], alors mets-toi bien ça dans la tête[3]." »

Je me souviens aussi de certaines déclarations de Bernès, qui aurait reçu des menaces du milieu. « J'ai une liste noire, une grosse liste... À peu près tous les maillots sont représentés. Tout est écrit dans un

---

1. Michel Peraldi et Michel Samson, *Gouverner Marseille*, La Découverte, 2005.

2. Robert Louis-Dreyfus, propriétaire de l'OM depuis décembre 1996, est mis en examen dans l'affaire des comptes de l'OM, jugée au tribunal correctionnel de Marseille à compter du 13 mars 2006. Le procès porte sur des détournements de fonds au préjudice de l'OM, effectués lors de transferts entre 1997 et 1999.

3. Jean-Louis Levreau et André Baudin, *Le Syndrome Tapie*, Éditions DCL/Ramsay, 2002. Jean-Louis Levreau, ancien rédacteur en chef au *Provençal*, a été vice-président de l'OM de 1988 à 1995.

mémoire. C'est même mon assurance-vie... Je dispose d'une protection policière et je prends des précautions. Il y a une organisation autour de moi et c'est costaud. Toutes les dispositions sont prises par le parquet. Le premier qui approche un doigt, il est pris.

» Parler pour ma protection, c'était la seule solution. [...] Tapie savait que je savais, que je constituais un danger pour lui. S'il m'arrive une bricole, on saura d'où ça vient. Les menaces que j'ai reçues, les noms de ceux qui les ont proférées sont consignés chez le juge[1]. » Bernès affirme mais ne prouve rien. Parano ou réalité ?

Quelques années plus tard, je suis marqué par un reportage diffusé par M6, le 27 mars 2001, qui traite de l'environnement sulfureux du club. La description est catastrophique : l'un des grands arbitres français, Alain Sars, menacé de mort au Vélodrome ; des salariés de l'OM aux obsèques du parrain Francis Vanverberghe – dit le Belge –, abattu cinq mois auparavant à Paris – avec des images de l'enterrement pour preuve ; un homme fiché au grand banditisme incontournable pour l'obtention de certains marchés dont la sécurité... En résumé, le milieu est très présent à l'OM. Un reportage destructeur en termes d'image, tant pour l'OM que pour son propriétaire. Robert Louis-Dreyfus sort alors de son traditionnel mutisme. Preuve de l'aspect capital que revêt un tel sujet, généralement tabou. RLD décide au dernier moment de répondre aux accusations sur un plateau de télévision. Il se présente quelques minutes avant le début de l'enregistrement. Supposé répondre point par point à toutes ces accusations, RLD ne sera pas convaincant.

1. Interview parue dans *France Football*, 11 juillet 1995.

Sa voix frêle, ses hésitations, ses explications alambiquées, certaines syllabes de mots inaudibles laissent apparaître un homme faible, sans charisme, dans l'incapacité de se battre et de faire taire ses détracteurs.

Le 1er avril, Tapie vient à sa rescousse pour désamorcer l'impact de cette interview. Il lui offre une séance de rattrapage. Il l'invite à s'expliquer dans son émission diffusée sur RTL9, « Rien à cacher ». Selon moi, leur dialogue reflète parfaitement leur position ambiguë sur le milieu à l'OM.

Bernard Tapie : [...] On va faire référence à ce reportage, puisqu'il existe. Dieu merci, nos téléspectateurs ne l'ont pas tous vu. Je vais rappeler les faits, en exagérant le trait. On dit, en gros, que le club est truffé de représentants de la mafia, que vous êtes sous tutelle, pas sous emprise mais sous tutelle, et que rien ne se fait dans le club sans que la mafia y ait donné son feu vert. Après avoir vu le reportage, vous avez résumé cela en disant : « J'ai vu *Borsalino*. » Dites-nous ce qui est vrai, ce qui n'est pas vrai, qu'est-ce qu'il y a lieu de répondre...

Robert Louis-Dreyfus : Je crois que, de tout temps, à Marseille, les truands, si on les appelle comme cela, ont une passion pour l'équipe de foot. Alors, il y en a qui viennent au stade, qui payent leur place même. Ils ne sont pas embêtants. Et il y en a d'autres qui, eux, aimeraient s'ingérer. Je suis sûr, qu'à votre époque, vous aviez pris quelqu'un pour vérifier. Moi, j'ai pris un ancien flic qui était à l'Évêché[1], Piétri, pour me faire le ménage. Et donc, cela me fait un peu sourire quand on croit que l'on est infiltré de l'intérieur. [...] Et la plupart

1. Appellation commune du commissariat central de Marseille.

de ceux que l'on appelle les truands sont des fanatiques de l'OM. [...] Mais ils ne sont pas dans le club.

BT : Quand ils y sont, car ils peuvent y être, je découvrais de temps en temps qu'il y avait une agence de voyages qui organisait les voyages à l'étranger et qui était tenue par des gens pas très respectables. Mais on l'apprenait après coup.

RLD : Et M. Piétri [...], ce commissaire de police, quand il trouvait quelque chose comme cela, petit à petit, il les sortait. On ne le faisait pas en faisant un article dans le journal[1]...

BT : Moi, je voudrais rappeler, Robert, que quand je suis arrivé [...] il y avait 5 à 10 000 faux billets par match qui circulaient au profit de deux cents guichetiers que j'ai foutus dehors. Ce n'est pas non plus une galéjade. Au Vélodrome, les buvettes étaient tenues par eux, les entrées étaient tenues par eux, la billetterie était tenue par eux... Il est vrai que là, plus qu'ailleurs, la vigilance est indispensable. Une poigne de fer est nécessaire pour éviter ces dérives-là.

Leur propos n'est pas convaincant. Il manque de clarté. « Le milieu est présent, sans l'être, tout en n'excluant pas qu'il y soit. » Cet échange démontre la complexité de s'exprimer sur un tel sujet. Quoi qu'il en soit – hasard ou coïncidence ? –, le 3 avril 2001, Robert Louis-Dreyfus annonce par un communiqué

1. Le 12 avril 2002, dans *La Provence*, Robert Louis-Dreyfus ne tire pas la même conclusion du travail de Jean-Louis Piétri : « À propos de cette histoire de mafia, je rappellerai que nous avons eu au club un ancien commissaire de police pendant deux ans, et qu'il n'a pas trouvé grand-chose. »

officiel que Bernard Tapie revient à l'OM, en tant que manager général...

Que l'on s'appelle Tapie ou Louis-Dreyfus, les rumeurs sur ces présences encombrantes, pour ne pas dire gênantes, perdurent. En mars 2002, l'ex-magistrat Étienne Ceccaldi, alors président délégué du club, lance une « bombe ». « Je dirai au procureur que j'ai besoin de son aide dans la lutte contre la délinquance périphérique au club. Moi, je fais mon travail de dirigeant de société, aux institutions de nous aider à nous libérer de la tutelle du milieu. Je m'oppose à la mise en coupe réglée du club et à la mainmise du milieu sur certains aspects du football national. Le vrai problème tient à l'omnipotence de certains sur les transferts[1]. » Par manque de preuves, l'enquête préliminaire ne donne rien. Cette déclaration agace fortement Robert Louis-Dreyfus. La sanction tombe. Nommé en octobre 2001, l'ancien avocat général de la cour d'appel d'Aix-en-Provence, juge d'instruction et préfet de police, perd ses prérogatives, en avril 2002, au profit du journaliste Christophe Bouchet.

Après avoir écrit nombre d'articles sur l'OM et le milieu dans *Le Nouvel Observateur*, le tout frais président indique que cela est désormais révolu. En mai, sur le plateau d'Yves Calvi, lors de l'émission « C dans l'air », sur France 5, il assure, triomphant : « Ce n'est plus vrai aujourd'hui ». En un mois, les « bandits » auraient donc débarrassé le plancher. Incroyable ! Plus tard, pour justifier son départ du club, il remettra pourtant le sujet en avant : « Je dois me protéger et protéger les miens. L'ambiance est viciée. Tout le

1. Interview parue dans *La Provence*, 27 mars 2002.

monde sait ce qui se passe à l'OM. Je l'ai vécu en me taisant[1]. » Pour Étienne Ceccaldi, le constat est limpide : « Je suis sûr qu'il n'a pas la carrure, les soutiens, ni les contacts pour affronter certaines personnes[2]. »

Pour ramener l'ordre, Robert Louis-Dreyfus fait appel à son ami Louis Acariès. Depuis que l'ancien boxeur est le représentant du milliardaire dans les couloirs de l'OM, plus aucun débordement, plus aucune rumeur dégradante pour l'image olympienne, plus aucune trace de ces personnes. Pour Acariès, la raison est simple : « J'ai vu les flics, les voyous et, quand on a été vingtièmes et derniers, personne n'a bougé[3]. » À l'époque Tapie, il se murmure que ce rôle revenait à Fratani, son attaché parlementaire, « l'ami des flics et des voyous[4] ».

En 1996, lorsque je joue à Bastia, certains amis corses me permettent de mieux comprendre mes observations. Ils confirment mes pressentiments. En politique comme dans le sport de haut niveau, le milieu est présent. Présent sur les deux tableaux, Tapie pouvait-il y échapper ? À cette époque, on assiste à l'émergence d'agents de joueurs dont l'origine professionnelle n'a rien à voir avec le foot.

M'attendais-je à croiser ce genre de personnages en m'engageant avec l'OM ? Sans doute, oui. Au début de la saison 1988-89, un milieu de terrain

---

1. Conférence de presse donnée le 25 novembre 2004.
2. Interview parue dans *VSD*, 2 décembre 2004.
3. Interview parue dans *L'Équipe*, 20 octobre 2005. Après les cinq premières journées du championnat 2005-2006, l'OM était lanterne rouge.
4. Christopher Vadot, *Tapie de A à Z*, Albin Michel, 1995.

débarque à Nantes, en provenance du Sporting Club de Toulon, Joël Henry. Avec Henry, lors des mises au vert, nous faisons chambre commune. Nous discutons beaucoup. Il me raconte ses années dans le Var. J'ai vingt-deux ans et je découvre que le foot peut entretenir d'étranges relations. Il fait, en quelque sorte, mon éducation dans ce domaine. Au cours de ce championnat, nous jouons au stade Mayol. Le soir, toute l'équipe reste dormir à Toulon. Un ami de Joël passe nous prendre à l'hôtel. Il se nomme « Petit Bert ». Tout de noir vêtu. Bottes. De discrets bijoux en or. Classe. Prestance. « Petit Bert » n'est autre que Robert Fargette, le frère du Parrain toulonnais, Jean-Louis Fargette[1].

Nous passons donc une nuit entière en sa compagnie. Je le rencontre pour la première fois. Avec Henry, Antoine Kombouaré et Fabien Debotté, nous avons droit à la tournée des grands ducs. Bar, restaurant, discothèque. Partout nous sommes ses invités, partout nous sommes chez lui. C'est royal. Très convivial. Cet ancien joueur de rugby est jovial. Avenant, attentionné, chaleureux. Véritablement passionné par le foot, il aime assister aux matches puis rencontrer les acteurs de ces rencontres, les joueurs. Son plaisir est de passer des moments, comme celui-là, avec les « footeux ». Nous discutons ballon toute la

1. Robert Fargette est abattu le 19 octobre 2000 de deux balles dans la bouche, à Lavalette-du-Var, non loin de Toulon. Pour Jacques Follorou et Vincent Nouzille, *Les Parrains corses*, Fayard, 2004 : « Bert n'était pas considéré comme un truand par les services de police. Il avait été suspecté de faire office d'homme de paille pour son frère dans le contrôle d'établissements de nuit varois [...] » Jean-Louis Fargette a quant à lui été abattu en Italie, le 17 mars 1993.

soirée. Nous refaisons le monde. À aucun instant nous ne parlons transferts ou argent. Nous le quittons au petit matin. La saison suivante, Fabien part à Toulon, Antoine l'y retrouve l'année suivante. Y a-t-il un lien ? Je n'en sais rien.

7
Le début de VA-OM

Je me sens bien dans ma peau. Je débute souvent les matches. Les observateurs ne s'attendaient pas à ce que je sois si souvent titulaire. En fait, j'ai vécu un seul moment délicat depuis mon arrivée. En début de saison, après une défaite au Vélodrome contre mon club formateur, le FC Nantes. Ce soir-là, je découvre les gueulantes de Tapie. Nous sommes menés 1-0. Je prends l'initiative de jouer dans un registre qui n'est pas le mien. En numéro 10, meneur de jeu. Le président n'apprécie pas cette attitude. Il me sort à la mi-temps. Devant toute l'équipe, il me lamine.

— Qu'est-ce que tu fous ? Qu'est-ce qui s'est produit dans ta tête ? T'es pas à Marseille pour faire cela, c'est pas ton problème. Pour qui tu te prends ?

Mon ego en prend un sérieux coup. Je ne dis rien. Je respecte mon employeur. Je ne lui ai jamais tenu tête. Je ferme ma gueule. J'encaisse. C'est dans mon éducation. Je suis un ouvrier discipliné. À l'issue de cette défaite, nous restons enfermés jusqu'à 1 heure du matin dans le vestiaire. L'ire de Tapie s'abat alors sur toute l'équipe.

— Vous allez vous mettre au boulot, respecter votre contrat, votre salaire ! Si vous continuez comme ça, vous n'aurez plus un centime. Vous n'êtes pas là pour vous la couler douce !

Personne ne répond. Le lendemain, Jean Fernandez, l'entraîneur, est remplacé par Raymond Goethals. Le technicien belge en impose. Il laisse le groupe s'autogérer. Il a l'intelligence de ne pas établir un règlement interne. Il permet, habilement, aux individualités de se fondre dans le collectif. Et de s'y épanouir. Avec lui, pas d'interminables séances de tableau noir. Nous devons imposer notre style de jeu. Quel que soit l'adversaire. Ses causeries d'avant match sont succinctes. Rythmées par le mot victoire. Et de conclure invariablement : « Voilà la composition, sauf si le chef change les choses… » Et il allume sa Belga.

Excepté cet épisode, j'affiche une certaine sérénité. Je suis nouveau dans le club. Qu'importe, je lance des invitations.

Avec mon épouse, nous organisons un méchoui avec tous les membres de l'équipe, leur femme et leurs enfants. La journée est placée sous le signe de la simplicité, de la détente. Elle est ponctuée par des jeux dans la piscine, des courses de brouettes. À gagner : langue de bœuf de soixante-dix centimètres, une culotte de l'armée, une paire de chaussons. Au classement final, Amoros est bien placé. Oui, toutes ces stars du ballon rond sont des gens bien. À deux ou trois exceptions près.

En championnat comme en Coupe d'Europe, nous sommes dans les temps. Le 21 avril 1993, nous assurons notre qualification pour la finale de la Coupe d'Europe des clubs champions en allant battre Bruges sur sa pelouse lors de la dernière journée de poule.

C'est le moment choisi par les dirigeants pour aborder la suite de ma carrière. Mon contrat s'achève dans deux mois. Ils semblent satisfaits de mes prestations. Jean-Pierre Bernès me convoque.

— Tu es un joueur sur lequel nous misons pour les prochaines années. Nous voulons prolonger ton contrat. Qu'en penses-tu ?

— Je suis bien ici.

— On veut te faire signer trois ans.

— Comme je ne veux pas bouger, je préférerais cinq ans. En fait, soit un contrat de quatre ans à 300 000 francs brut par mois, soit cinq ans à 250 000 francs brut par mois.

— Je prends note, j'en parle à Tapie. Mais il ne devrait pas y avoir de problème.

Je suis satisfait de cette conversation. Rassuré, j'ai l'esprit libre. Je ne pense plus qu'aux matches décisifs qui approchent. Avec tout cet argent, je peux vivre sereinement et m'assurer une bonne retraite. Ainsi, je mets aussi Johan et Antoine à l'abri financièrement. Avec Christine, nous prenons cette promesse de contrat pour argent comptant. Nous poursuivons nos placements, nos investissements. Trois appartements achetés à Nantes, des parts dans un bateau, des programmes de défiscalisation.

Je passe régulièrement au siège pour obtenir des places pour les prochaines rencontres. En ce début du mois de mai, le directeur général est à son bureau. Il m'interpelle.

— Entre un moment. Pour ton contrat, c'est OK avec Tapie. Tu vois, il l'a signé. Il porte sur les cinq prochaines années. 250 000 francs par mois.

— Je peux le signer aujourd'hui si vous voulez.

— Non, ce n'est pas pressé. Nous sommes d'accord sur tout. Je le laisse dans mon coffre, au chaud, et l'on se revoit pour tout finaliser. Ne t'inquiète pas. On verra ça plus tard.

Je trouve l'attitude de Bernès intrigante. Mais bon, il a toujours été correct avec moi. Pourquoi devrais-je être inquiet ?

Le 16 mai, toute l'équipe est conviée à passer une matinée sur le *Phocéa*, symbole flottant de la réussite et de la puissance de Bernard Tapie. À bord, sur le pont de soixante-quatorze mètres, l'équipe technique de « Téléfoot » s'affaire. À 11 heures, l'émission dominicale de TF1 est retransmise depuis le quatre-mâts du président. Le yacht mouille dans l'une des calanques de Marseille. Décor idyllique. Quelques minutes avant le direct, je suis convié à l'arrière du bateau. Je me retrouve dans un immense salon aux vitres fumées et aux profonds divans pastel. À mes côtés, Didier Deschamps et Marcel Desailly. Nous restons debout. Face à nous, Jean-Pierre Bernès et Bernard Tapie. En trente secondes, ce dernier nous présente ce que je définis comme une « mission ».

— Va falloir contacter les joueurs que vous connaissez à Valenciennes. Burruchaga, Glassmann et Robert. Faut pas qu'ils fassent les cons et qu'ils nous cassent avant la finale contre Milan. Vous les connaissez bien ?

Nous répondons de manière collégiale par l'affirmative. Tapie n'en dit pas plus. Dorénavant, son bras droit prend l'opération en main.

Marcel, Didier et moi avons porté le maillot de Nantes en même temps que Christophe Robert et

Jorge Burruchaga. Par contre, je suis le seul à avoir évolué avec Jacques Glassmann. À Tours.

Avec Christophe, nous nous connaissons depuis toujours. Il est de Ribérac, en Dordogne. Je suis de Saint-Séverin, en Charente. Nous connaissons simultanément les premières sélections au sein des différentes équipes de France dans les catégories de jeunes. Les rédactions locales associent nos deux noms lorsque nous nous retrouvons dans l'antichambre des professionnels du FC Nantes. Nous ne sommes pourtant pas issus du même univers. Sa mère est banquière, son père appartient à la police du train. Je suis fils de tourneur et d'employée d'usine, à la chaîne de montage. Pas les mêmes références. Pas la même éducation. Pas le même vécu. Pas les mêmes galères. Tout au long de ces années, je recherche son amitié. En permanence. La réciproque n'est pas vraie. Il n'a jamais désiré créer un lien fort avec moi. Plus les années passent, plus il m'apparaît hautain, prétentieux, fier. Qu'importe, il est important dans mon adolescence et au début de ma vie d'adulte. Pour preuve, sa femme est la marraine de mon fils aîné, Johan.

Pour moi, Jorge est le meilleur étranger à évoluer dans le championnat de France. C'est un joueur exceptionnel. J'ai de l'admiration pour lui. C'est une star. Champion du monde en 1986. Il marque le but victorieux contre les Allemands, sur une passe de Diego Maradona. Avec Jorge Valdano, ils inscrivent à eux trois les trois quarts des buts de l'Argentine durant ce Mondial. C'est du délire, j'évolue à côté du lieutenant de Maradona en équipe nationale d'Argentine. Il côtoie mon idole. Ce génie. Je le questionne souvent sur ce numéro 10 d'exception. Il me raconte des anecdotes. Se confie. Parle en toute liberté. Sans tabou. À son retour du Mexique, il évoque même le dopage. Il est le premier joueur à aborder ce sujet devant moi. Avec Jorge, nous sommes inséparables. Nous déjeunons ensemble, presque quotidiennement. Après la sieste, nous nous retrouvons encore. De mon côté, je le fais rire.

Je connais Jacques depuis mon passage en Touraine, lors de la saison 1987-88. Personnage complexe. Introverti. Calme. Triste. Très attaché aux comportements individuels à l'intérieur d'un groupe. Le respect est une valeur essentielle pour lui. Nous sommes très proches. Je garde même sa fille, parfois, lorsqu'il fait ses courses.

À cette époque, je ne suis pas forcément très bien dans ma peau. Je suis prêté par Nantes pour la seconde saison consécutive. Nous évoluons en deuxième division. Je ne crois plus en un futur radieux dans le football professionnel. Les journées partagées avec Glassmann sont très nombreuses. De même que les soirées et les nuits. Il est souvent seul. Moi aussi. On sort beaucoup. Il passe son temps à fumer des clopes. Il joue aux cartes. Nous discutons de tout. Champion d'Europe juniors avec les Bleus, il aurait pu avoir une grande carrière. Cette année-là, Tours descend en National.

Les deux jours qui suivent l'épisode du *Phocéa* se révèlent éprouvants. Le directeur général de l'OM ne cesse de me poser la même question. À chaque entraînement, il m'interroge.

— Tu les as appelés ?

Je réponds invariablement par la négative.

Plus le match à Valenciennes se rapproche, plus il me harcèle. Il me laisse le même message sur le répondeur de mon domicile. Toutes les heures.

— Jean-Jacques, rappelle-moi. Est-ce que tu as appelé ?

Ma femme trouve cela étrange.

— Qu'est-ce qu'il te veut ? Il appelle en permanence.

— Je vais te le dire.

— Oui, dis-le-moi. Cela commence à m'inquiéter.

— T'inquiète pas, tout va très bien au niveau du foot. Il veut que je fasse quelque chose.

— Quoi ?

— On joue contre Valenciennes jeudi...

— Oui, et alors ? Valenciennes et l'OM, il y a un monde entre les deux équipes !

— Mais je connais Robert, Burruchaga et Glassmann. Je suis la personne idéale. Il veut que je les appelle.

— Mais dans quel but ?

— Pour qu'ils lèvent le pied...

— Je ne comprends plus. Il y a quelque chose que je ne capte pas. Pourquoi tu dois faire cela, toi ? Tu n'as qu'à lui dire que tu l'as fait. Mais tu ne le fais pas. Bernès ne pourra pas prouver que tu as appelé ou non.

Sa réaction est pleine de bon sens. Nous changeons de sujet. Nous ne parlerons plus de ce coup de téléphone à passer.

8
L'engrenage

19 mai. Vingt-quatre heures avant notre match à Valenciennes. À l'issue du dernier entraînement, Jean-Pierre Bernès m'interpelle.

— Viens là.

Il me pousse dans le bureau du kiné. Il paraît excédé.

— Maintenant, tu prends le téléphone et tu appelles Robert !

J'exécute l'ordre donné. Je tombe sur sa femme, Marie-Christine.

— Christophe fait la sieste.

— OK, ce n'est pas grave, ne le réveille pas.

Le sommeil de Robert m'arrange bien. Je raccroche. Bernès, lui, ne s'en accommode pas. Il se fâche. Il insiste. À cet instant précis, j'entre dans un engrenage. Je ne pourrai jamais m'y soustraire. Je n'ai d'autre choix que de le rappeler.

— Attends, je vais le réveiller, me répond son épouse.

— Christophe, les dirigeants de l'OM veulent te parler ce soir dans ta chambre d'hôtel. Demande à Burruchaga et Glassmann d'être avec toi. On appellera à 21 heures.

— D'accord. Pas de problème.

Loin d'être naïf, Robert a compris l'objet de la conversation à venir. Pendu à l'écouteur, Bernès note le numéro de téléphone de l'hôtel des Valenciennois.

Arrivés au Novotel, nous nous installons dans les chambres, par deux. Je partage la mienne avec Jean-Marc Ferreri.

Marcel Desailly et Didier Deschamps discutent dans le hall de l'hôtel avec Marie-Christine Robert. Les anciens Nantais se retrouvent. Elle est accompagnée de sa petite fille. Elle vient me remettre des cadeaux pour son filleul, Johan. C'était prévu depuis plusieurs semaines. Au bar de l'établissement, je discute un moment avec elle. Sans nous cacher. Mais nous ne sommes pas détendus. Les cadeaux passent rapidement au second plan. J'enclenche immédiatement sur le coup de téléphone de l'après-midi.

— L'OM veut acheter le match de demain. Glassmann, Burruchaga et Christophe sont dans la combine. Dis-lui de ne pas faire ça. Qu'ils fassent tout pour gagner le match, qu'ils ne trichent pas. Tu sais, si je n'avais pas appelé, je serais tricard à l'OM[1].

Bernès interrompt notre conversation. Il m'adresse un signe. Il m'entraîne à quelques mètres.

— Tu lui as dit, à la femme de Robert ?

— Quoi ? Qu'est-ce que tu veux que je lui dise ?

1. Mes propos sont confirmés par Marie-Christine Robert dans le procès-verbal d'audition du 25 juin 1993.

— Que ce soir, on va appeler son mari…

— Mais non, je ne lui ai rien dit à sa femme. Pourquoi lui parlerais-je de ça ? Je suis là pour prendre les cadeaux, c'est tout.

Je laisse le directeur général. Je rejoins Marie-Christine. La discussion se poursuit. Je continue à me comporter en tant qu'ami. Jusqu'à son départ, j'essaie de la convaincre de conseiller à son mari de ne pas accepter le deal. J'imagine qu'elle lui rapportera mes propos.

— Tu sais, ce n'est pas la première fois, ni la dernière, que des joueurs seront corrompus. Les arbitres sont les premiers à toucher. Mais bon, qu'ils jouent normalement. Le fric, ensuite, ils en feront ce qu'ils voudront. Qu'ils jouent naturellement, quoi qu'il arrive.

Je lui raconte la genèse de cette histoire. Le *Phocéa*, Tapie, Deschamps, Desailly… et ça tombe sur moi. Elle ne répond rien et s'en va.

À l'issue du dîner, Bernès m'intercepte.

— Viens dans ma chambre.

Je le suis. Nous pénétrons dans la chambre 234. Il compose le numéro.

— Tu leur dis bonjour et tu me passes l'appareil.

Lorsque quelqu'un décroche, il me transmet le combiné. Robert répond. Je salue ensuite Burruchaga. Le tour de Glassmann arrive. Il est au courant de l'objet de cette communication. Il me lance sans préliminaire une phrase inquiétante.

— Tu te rends compte de ce que tu nous demandes de faire ?

— Attends, je te passe Bernès.

Ce dernier m'arrache le téléphone des mains.

— L'OM doit être champion, vous devez nous aider à gagner ce match. Valenciennes va descendre, ce n'est pas maintenant qu'il faut prendre des points, c'était bien avant. De toute façon, vous ne pouvez pas gagner demain. C'est mieux de perdre avec vingt boulettes dans les poches qu'avec zéro. Et puis, on peut vous trouver un club en première division pour la saison prochaine. À Martigues, par exemple. Martigues, c'est nous maintenant.

Le directeur général olympien s'adresse ensuite à Burruchaga. Je devine le contenu de leur conversation. Je n'ai pas d'écouteur. L'Argentin en veut à Bernès. Ce dernier lui avait demandé le numéro de téléphone du manager de Maradona. Il le lui avait communiqué mais, en retour, pas de remerciement. Burruchaga lui en voulait toujours. Cela remonte à l'année 1988[1].

Le bras droit de Tapie le coupe.

— Je ne t'appelle pas pour ça. Ne fais pas le con, l'autre, il va me tuer... tu sais comment il est. Demain, ça doit bien se passer[2].

Leur conversation me paraît longue.

— Je n'ai pas toute cette somme sur moi, maintenant. Je te promets, vous aurez le reste de l'argent dans une semaine, quand vous jouerez à Saint-Étienne.

---

1. Cette anecdote est abordée lors de la confrontation entre tous les protagonistes de l'affaire VA-OM. Burruchaga fait part de ses griefs à l'encontre de Bernès, qui rétorque : « C'est vrai, je ne t'ai pas remercié. Devant tout le monde, je te dis "merci". Ça va ? » Extrait du procès-verbal du 21 juillet 1993.

2. Burruchaga confirme cet échange retranscrit dans le procès-verbal de son audition du 1er juillet 1993. Le PV se poursuit par une question du juge Beffy : « L'autre, c'est Tapie ? » Réponse de l'Argentin : « C'est ce que j'ai pu comprendre. »

À l'écoute de cette phrase, je comprends que Jorge a négocié une importante contrepartie financière. La transaction semble réglée. Les modalités maintenant. Robert reprend les choses en main.

Quelques instants plus tard, Bernès raccroche. Suivent ses instructions.

— Tu retournes dans ta piaule. Et je te rappelle.

Allongé sur mon lit, je réalise que le processus est en marche. Une vingtaine de minutes s'écoulent. Le téléphone sonne.

— Viens dans ma chambre.

Nouvelle directive.

— Marie-Christine Robert va t'appeler. Tu descendras ensuite sur le parking. Là, tu lui remettras cette enveloppe.

Il me confie alors une enveloppe marron. Froissée. En mauvais état. Bien fermée. Pas très épaisse.

Une fois dans ma chambre, je grogne. Je suis mal. Ferreri regarde la télé en fumant sa cigarette. Je lui explique la situation.

— Regarde ce trafic. Je ne sais pas combien il y a dans cette enveloppe mais ce qui se passe n'est pas normal. J'attends Marie-Christine Robert pour la lui remettre.

Mon coéquipier ne me pose aucune question. Il semble dépité. Aucun signe de surprise de sa part. Il reste étendu sur son lit. Il a compris. Il ne prononce pas un mot. J'aurais aimé qu'il me réponde. Ferreri est le premier joueur de l'OM au courant de la magouille. Je n'ouvre même pas l'enveloppe pour savoir combien elle contient. Je la mets dans un sac plastique, que je dissimule sous mon survêtement. Marie-Christine appelle.

— Je suis là dans dix minutes.

Je sors de la chambre, descends l'escalier. Je passe vite devant la personne de l'accueil. Je tente d'être le plus discret possible. Si l'on me croise à cette heure tardive, j'ai déjà mon prétexte : « Je vais à la cabine téléphonique, sur le parking. » Je suis dehors. J'attends la marraine de mon fils. Une voiture s'arrête à mon niveau. Un homme en sort. Écharpe de l'OM autour du cou. Il me demande un autographe. Je n'ai vraiment pas la tête à ça. Je me dis que cette personne est un témoin potentiel, au cas où… Je ne suis pas à l'aise. Après un quart d'heure d'attente, elle arrive. Je lui donne l'enveloppe.

— Qu'ils jouent normalement demain. L'argent, c'est votre problème. Mais qu'ils ne lèvent pas le pied.

Dernière recommandation. Elle ne rajoute rien. Pour moi, l'histoire s'arrête là. J'ai un rôle de facteur. Un petit rôle. Je viens de le tenir. Le rideau tombe. Je me couche.

9

Jour J

20 mai 1993. Un avant-match traditionnel. La balade du matin. Le déjeuner. La sieste. La collation. La causerie. Je repense à ces derniers jours. J'ai obéi. Plusieurs interrogations demeurent. Comment vont-ils jouer ? Lever le pied ? Se donner à fond ? J'imagine leur comportement sur la pelouse tout à l'heure. Comment cela va-t-il se passer ?

Vers midi, Christophe Robert me téléphone.

— On a changé d'avis. On ne va pas accepter[1].

— Hier soir, j'en parlais à ta femme. Si vous faites exprès de perdre le match, ça se verra. C'est certain. En plus, il y a la télé. Fais ce que tu veux. J'en ai rien à foutre.

À aucun moment, nous n'évoquons l'argent. Dans l'après-midi, je parle de cet appel à Bernès. Je lui répète le fond de ma pensée.

1. Ce revirement sera confirmé ultérieurement : « Jorge a fait la proposition suivante : "On va jouer tranquille, sans faire de grosses fautes trop voyantes. Si on gagne, on rend l'argent. Si on perd, on le garde." » Procès-verbal d'audition du 11 juin 1993 de Jacques Glassmann.

— On est plus forts qu'eux. Ça ne sert à rien de leur donner de l'argent.

Le directeur général du club n'accorde aucune importance à mes propos. Pour lui, le travail est accompli. Tout est arrangé. Tout roule.

Au même moment, à l'Hôtel du Lac de Condé-sur-l'Escaut, où les Valenciennois sont au vert, Jacques Glassmann révèle à son entraîneur, Boro Primorac, la tentative de corruption. Mais cela, je l'ignore alors.

Moins d'une heure avant le match, la voix de Tapie résonne dans les couloirs du stade Nungesser. Nous sommes dans les vestiaires. Il nous y rejoint. Il vient d'apprendre qu'un certain Glassmann a parlé à ses dirigeants. Il a évoqué une tentative de corruption sur sa personne. Il a refusé le marché. Dans un coin, le Boss me questionne.

— Mais les deux autres, ils sont toujours d'accord ?

— Je n'en sais rien.

Cet homme me scie. Un truc de fou. Sans se dégonfler, il crie au scandale face aux allégations des Valenciennois. Et quelques instants plus tard, calmement, discrètement, il se renseigne sur les autres corrompus. Incroyable de sang-froid. Rien ne le perturbe.

Lors de l'échauffement, il s'approche de moi sur la pelouse.

— Il est où, ce Glassmann ?

Il ne le connaît pas physiquement. Je lui indique oralement où il se trouve. J'évite, bien entendu, tout geste[1].

À la mi-temps, les dirigeants de Valenciennes posent réclamation sur la feuille de match.

1. Une photo de cette scène a été prise.

Robert ne joue pas la totalité des quatre-vingt-dix minutes. Il sort sur blessure, suite à un tacle de Di Meco. Nous gagnons 1-0. But de Boksic. Un pas de plus vers le titre. À l'issue de la rencontre, Tapie s'emporte une nouvelle fois. Il s'adresse à un dirigeant de Valenciennes.

— Si tu ne retires pas tes réserves, je dirai que tu m'as demandé un match nul avant la rencontre.

Jean-Louis Borloo, le député-maire de la ville, ancien avocat de Tapie et ex-président de Valenciennes, est présent. Son successeur à la tête du club, Michel Coencas, également. Au premier, Tapie lance : « Tu me paieras ce que tu es en train de me faire ! » Au second : « T'es qui, toi, dans le foot ? »

Nous quittons le stade. Dans le bus, je m'explique devant tous les joueurs. Je ne veux pas être seul avec tout ce poids sur la conscience. Pour me protéger aussi, je les informe.

— Voilà ce qui s'est passé. Je suis dans la merde. Ils m'ont demandé de faire ça, ces enculés !

À ce moment-là, tous les Marseillais présents lors de ce déplacement connaissent l'histoire. Je donne certains détails. L'appel téléphonique. L'argent. La corruption. Certains paraissent sceptiques. Je prends Ferreri à témoin.

— Demandez à Jean-Marc, il était dans ma chambre.

Personne ne prend la parole. De retour chez moi, j'informe Christine que Marie-Christine Robert m'a confié les cadeaux pour Johan. Pour le reste, je suis elliptique.

— C'est la merde. Les dirigeants de Valenciennes ont posé des réserves techniques. C'est un gros problème. Mais je dois oublier tout cela. Maintenant, je prépare ma finale.

10
Les maux du foot français

Dès mon arrivée à l'OM, les repas entre joueurs sont agrémentés de discussions plus ou moins sérieuses. Nous évoquons régulièrement les suspicions de corruption qui alimentent la réputation de notre club. Nous avons la désagréable sensation que beaucoup de matches sont préparés par nos dirigeants. Ils analysent la composition des adversaires pour désigner le ou les corrompus potentiels. Un profil est demandé. Si c'est un super joueur, l'argument est tout trouvé : « Tu as ta place à Marseille la saison prochaine. » Reste à choisir l'intermédiaire, parmi nous. Bon nombre de mes coéquipiers s'en plaignent. Mais on se marre à tenter de trouver ceux qui marchent dans cette combine. Quel entraîneur ? Quel arbitre ? Quel gardien ? Quel défenseur ? Qui parmi nous ? Même si, dans le fond, nous sommes écœurés par cette sale habitude. Nous sommes convaincus qu'un jour cela va être flagrant. Et notre crédibilité de joueurs en sera affectée. Et puis, notre ego en prend un coup. La réflexion est fréquente :

« Mais ils nous prennent pour des billes ! On est de la merde ou quoi ? Ils disent que nous composons la meilleure équipe du monde et ils achètent les matches. Elle est où, la confiance ? Ils remettent en cause notre valeur. Ils doutent de nous. Qu'est-ce qu'ils veulent nous amener à penser ? Que, sans eux, nulle victoire n'est possible ? »

Mais voilà. Au moment d'entrer en action, d'obéir, nous sommes tous au garde-à-vous. Personne ne veut être viré. La place est trop belle. L'OM joue le titre chaque saison. Le Vélodrome nous fait frissonner. Parfaitement exposés médiatiquement pour espérer une sélection avec les Bleus. Très bien payés. Et il y a l'objectif suprême… la coupe aux grandes oreilles. L'OM est, en France, le paradis du footballeur professionnel. Nous voulons tous y demeurer, longtemps. Quelques rares joueurs n'ont jamais pris part à ce qui est devenu une « habitude » marseillaise. Parmi eux, Bernard Casoni. Son intégrité est incontestable. Un jour, Tapie le soupçonne d'avoir vendu un match. « Caso » ne supporte pas qu'il puisse douter de sa probité. Le défenseur international s'oppose alors au Boss. Il ne se dégonfle pas. Hausse le ton. Peu de joueurs ont eu cette attitude devant le président.

Un élément est indéniable : si Marseille corrompt, c'est qu'il y a des corrompus. Tout aussi condamnables.

Entre 1987 et 1993, selon Bernès, c'est en moyenne quatre ou cinq matches par saison qui ont été achetés. Ce qui représente entre cinq et six millions de francs par an[1].

---

1. Procès-verbal d'audition de Jean-Pierre Bernès, le 30 juin 1995, devant le juge Philippon, dans le cadre de l'instruction des comptes de l'OM sous le règne de Tapie.

Durant cette période, je jouais à Nantes où j'ai assisté à des scènes irréelles. En avril 1990, par exemple. Nous préparons notre opposition contre Bordeaux sur les terrains d'entraînement de la Jonelière. Sans gêne, sans se démonter, notre coach Miroslav Blazevic nous expose une proposition de l'OM.

— J'ai eu une conversation téléphonique avec eux. Voici leur promesse. Si nous battons Bordeaux, ils s'engagent à nous verser une grosse prime à se partager entre nous. Parce que ainsi, grâce à nous, l'OM deviendra champion. C'est une bonne nouvelle !

Toute l'équipe est abasourdie. Sans voix. David Marraud, Georges Eo et Paul Le Guen rallient le groupe à leur position. Sans aucune difficulté. La décision est prise en dix secondes. Pas d'arrangement.

Toujours avec ce même technicien à notre tête, nous nous inclinons 6-0 à Marseille lors de la saison suivante. Cette défaite lui sera fatale. Plus tard, pour un match de Coupe de France, il sera condamné dans l'affaire des comptes de l'OM pour avoir endossé le costume d'intermédiaire, un rôle qui lui a permis de toucher plus de 420 000 francs.

Ce sport que j'aime tant n'est pas propre. Admettons la réalité. La corruption n'est pas l'apanage de Tapie et encore moins de l'OM. Sur notre territoire, la première histoire remonte aux années 30. Quel pays n'a pas eu son scandale ? De l'Afrique du Sud à la République tchèque. De l'Italie au Brésil. De la Finlande à l'Allemagne, plus récemment. Outre-Rhin, les condamnations sont vite tombées pour faire place nette au Mondial de juin 2006. Quand les fautifs sont démasqués, c'est que des enjeux doivent être préservés. Fin octobre 2005, un footballeur de Metz, en

Ligue 1, aurait été l'objet d'une tentative de corruption dans le cadre de paris effectués sur des sites Internet spécialisés, à l'occasion d'un match contre Lyon. La justice enquête. Serions-nous les seuls à pratiquer un football exempt de tout reproche alors que l'on assiste à une pandémie ? Non, hélas. La France n'est pas nettoyée, immunisée, contrairement à certaines affirmations péremptoires. N'en déplaise aux dirigeants. Certains, ils sont rares, l'affirment sur la place publique. Courageusement. Éric Halphen est de ceux-là. Juge d'instruction en disponibilité, il siège depuis plus de quinze ans à la commission juridique de la Ligue nationale. Il maîtrise parfaitement les rouages des coulisses du foot : « Je suis persuadé que de nombreuses rencontres sont arrangées, même au plus haut niveau. Dès qu'il y a de l'argent, il y a de la corruption. Cela peut prendre toutes les formes. Il y a beaucoup d'argent "off" dans le foot, et ce n'est pas nouveau. C'est vrai dans tous les milieux, BTP ou show-biz. À tout versement officiel correspond bien souvent un versement officieux[1]. » La polémique éclate. Ses pairs lui demandent des comptes. Il est sommé de préciser ses informations ou de se taire.

Bien que ne le connaissant pas non plus, j'apprécie aussi les déclarations du Marseillais Pierre Dubiton, ancien directeur financier du club, quand il fustige certaines dérives constatées à l'OM. Ils ne sont pas si nombreux à oser briser l'omerta.

En définitive, l'histoire prouve que la justice sportive se cache souvent derrière la justice civile avant de se mettre en action. Lorsqu'un magistrat se saisit

1. Interview publiée dans *Le Journal du Dimanche*, 27 novembre 2005.

d'une affaire, les dirigeants d'une discipline ne peuvent plus conserver leur bandeau sur leurs yeux. Et lorsqu'ils sont coincés, ils sanctionnent. Dans le foot, le cyclisme… toujours la même attitude, la même chronologie. Je partage l'avis de Bernès lorsqu'il critique cette duplicité. « Au moment de VA-OM, on a découvert qu'il y avait de la corruption dans le football. Comme si on avait attendu Virenque pour découvrir le dopage dans le cyclisme[1]. »

Au mois de mars 2000, je suis attentif aux répercussions d'un article du mensuel *Capital*, qui titre : « Révélations : la corruption au quotidien. Sept ans après l'affaire OM-VA, les mauvaises habitudes perdurent. » Accrocheur. Les propos de Joseph-Antoine Bell, gardien camerounais à la retraite, ancien portier de Marseille, y sont retranscrits. « J'ai reçu des offres quand je jouais à Bordeaux puis à Saint-Étienne. J'ai toujours refusé. Pourquoi s'étonner de la corruption dans le foot, alors qu'elle sévit partout dans notre société. » Puis c'est au tour de Jean-François Bourg[2] d'abonder dans son sens. « Les arrangements d'avant match, les pots-de-vin sont des constantes dans ce sport qui draine plus d'argent et concentre plus d'intérêt que tout autre. » Et puis, il y a ce témoignage, anonyme. Dans le même article, un joueur raconte : « Le président du club adverse s'est approché de nous sur le terrain d'échauffement. […] Nous étions en fin de saison, le match était important pour son équipe, pas pour la nôtre. Il a proposé entre 50 000 et 100 000 francs en liquide à chacun de nous si nous les laissions

1. Interview publiée dans *Le Parisien*, 17 mars 2000.
2. Chercheur au Centre de droit et d'économie du sport à l'université de Limoges.

gagner. [...] Pendant quatre-vingts minutes, on a joué normalement et, à dix minutes de la fin, alors que nous étions à deux buts partout, nous avons laissé filer l'attaquant adverse. [...] Notre gardien ne s'est pas engagé à fond. Ils ont gagné et tout le monde était content. » Et le magazine économique de dresser un parallèle entre ce scénario et la victoire de Bordeaux à Paris, le 29 mai 1999, lors de l'ultime journée du championnat de France 1998-99. Grâce à ce succès, les Girondins terminèrent premiers, avec un point d'avance sur l'OM.

Devant les remous provoqués par cet article, *Capital* se fend d'un communiqué, diffusé le 9 mars 2000, pour infirmer la rumeur et assurer qu'il ne révélera « en aucun cas » le nom du joueur ayant témoigné. Pour *Le Parisien*, il s'agirait en fait d'un match de deuxième division disputé à la fin des années 70. À Marseille, seul le groupe de supporters des Ultras se démène pour amener les instances à découvrir qui sont les protagonistes de cette histoire.

En pleine campagne pour sa réélection à la tête de la LNF, Noël Le Graët réagit face à la presse : « C'est trop facile et pas très correct. On peut toujours raconter n'importe quoi sur n'importe qui. Il faut que le journal apporte des informations sérieuses. Je vous affirme que, depuis 1993, l'envie d'acheter des matches est sortie de la tête des dirigeants comme des joueurs. » « Grâce à moi et parce que j'ai débarrassé le paysage de Tapie », aurait-il pu ajouter... Il ne faut pas prendre les supporters pour des abrutis, le foot, ce n'est pas le monde merveilleux de Walt Disney et Tapie n'est pas le seul Capitaine Crochet de ce milieu.

Cette affaire révélée par *Capital* sème le trouble dans le Landerneau footballistique. J'apprécie la prise de position de Robert Nouzaret, à l'époque entraîneur de Saint-Étienne. Il est quasiment le seul à avoir une réaction honnête, loin du politiquement correct. « Des tentatives de corruption, j'en ai vécu dans ma carrière. Notamment lorsque j'étais à Caen. Ceux qui disent le contraire sont des faux-culs, des hypocrites ou des naïfs. Avec l'attrait de l'argent, la nature humaine est telle qu'elle peut faire n'importe quoi. Hélas, en matière de corruption, il faut des preuves et là[1]... »

Dès que de telles accusations sont lancées, le traditionnel refrain pour contrer les empêcheurs de tourner en rond est toujours le même : apportez des noms, des preuves... Cette affaire révélée par *Capital* sera étouffée. Contrairement à sa première intention, la Ligue et Le Graët ne déposent aucune plainte. Le temps et le silence accomplissent ensuite leur travail qui mène à l'oubli...

En revanche, pour démasquer les responsables de VA-OM, et ainsi « dégommer » Tapie, les justices civile et sportive ont su mettre les moyens humains et financiers pour vérifier les accusations de Glassmann.

---

1. *Le Parisien*, 11 mars 2000.

11

Premiers soupçons

Au lendemain de la victoire obtenue à Valenciennes, l'effectif est déjà tourné vers la finale de la Coupe d'Europe. Je découvre dans la presse les déclarations de Jacques. Déjà. Cela n'a pas tardé. Les titres des journaux interpellent : « Les dirigeants de l'USVA accusent l'OM de tentative de corruption. » « Glassmann aurait été approché par un haut dirigeant du club phocéen pour laisser "filer le match". »

Vingt-quatre heures plus tard, l'histoire se précise. Glassmann déclare qu'un ancien coéquipier lui a passé un dirigeant du club. Merde ! Les journalistes font rapidement le recoupement. Les joueurs marseillais ayant évolué avec Glassmann par le passé ne sont pas nombreux. En fait, ils ne sont que deux. Abedi Pelé, ancien Mulhousien, ou Jean-Jacques Eydelie, ex-Tourangeau. La connexion se fait, mon nom apparaît. Mais cela ne m'inquiète pas encore outre mesure. Aucun journaliste ne vient me questionner. Bernès en revanche ne me lâche pas.

— Ne dis rien, ne dis rien.

Je suis coupé du monde. J'ai la tête à la finale. Le Milan AC. Van Basten, le buteur aux trois ballons d'or. Baresi, champion du monde avec l'Italie en 1982. Rijkaard, champion d'Europe des nations avec la Hollande en 1988. Maldini et Costacurta, vainqueurs à deux reprises de la super Coupe d'Europe. Gullit, ballon d'or en 1987... Il n'y a qu'eux qui m'intéressent, qui occupent mes pensées.

Contrairement à un match classique, nous quittons Marseille quelques jours avant l'échéance de Munich. À événement exceptionnel, mise au vert exceptionnelle. Ce dimanche 23 mai, France 2 diffuse une interview de Glassmann. « Eydelie a d'abord eu mon coéquipier Christophe Robert au téléphone, à l'hôtel où nous préparions le match. Puis il a demandé à me parler avant de me dire : “Je te passe Jean-Pierre Bernès.” Cette personne m'a alors proposé 200 000 francs plus un contrat à Martigues pour que je m'engage moins contre l'OM. Burruchaga était présent dans la chambre. »

Dès notre atterrissage à Munich, les journalistes allemands assaillent leur compatriote Rudy Völler.

— C'est quoi ce match arrangé ?!

L'attaquant tape dans les caméras, envoie balader les journalistes. Quel bonhomme ! Je me suis retrouvé dans son attitude. Courageuse. Je ne laisserai personne gâcher notre fête.

Ma rage de vaincre est tellement forte. J'ai gagné ma place à la force de mes jambes et de mon mental, et ce n'est pas cette fichue histoire qui va tout mettre en péril.

Le matin de la finale, Raymond Goethals a décidé que je serais titulaire. Latéral droit. Logique puisque l'équipe de départ alignée à Valenciennes devait être reconduite contre les Italiens. Le groupe le sait. L'après-midi, lors de la collation, mon nom disparaît du tableau. Je suis remplacé par Jean-Philippe Durand. C'est une décision de Tapie. Les premières interventions de Glassmann, mon nom qui circule... Tout cela doit l'ennuyer. Il désire certainement me cacher. Je passe outre mes principes. Sur la terrasse de l'hôtel, nous avons une vive altercation. Bernès est à son côté. Pour la première fois, je tiens tête à mon employeur, je hausse le ton. J'exige une explication.

— Vu tout ce qui s'est passé, j'ai pensé qu'il valait mieux te remplacer. Tu dois gamberger dans ta tête. Tu n'es pas dans les meilleures dispositions pour disputer une finale de Coupe d'Europe.

— Attention à ce que vous faites ! Si je ne débute pas cette finale... Il est hors de question que je ne la joue pas. Je la jouerai et on la gagnera.

J'en profite pour aborder un autre sujet qui m'obsède.

— Et mon contrat, vous en faites quoi ?

Tapie s'engage.

— C'est vrai, Jean-Pierre, il faudrait s'en occuper.

Bernès abonde dans le sens du président.

— Dès que l'on rentre à Marseille, tu le signes.

Ils se dégonflent. Je réintègre l'équipe.

12

Le jour de gloire[1]

Christine n'a jamais trop apprécié le foot et son environnement. Pour la finale de Munich, elle préfère effectuer le voyage dans l'avion des supporters spécialement affrété par le club.

Elle gagne la Bavière avec ses potes, au milieu des fans de l'OM. Sur place, ils seront vingt-deux mille pour cette rencontre historique. Une sacrée expérience pour elle. Pendant le trajet en bus qui les mène au stade, un homme lit un numéro de *Paris-Match* consacré à l'Olympique de Marseille. Tous les joueurs posent entourés de leur famille. À un moment donné, l'homme baisse l'hebdomadaire et réalise que la femme brune en photo à mon côté est assise à quelques centimètres de lui. Il l'apostrophe.

— Eh ! Vous êtes la femme de Jean-Jacques Eydelie ?

1. 27 mai 1993, au lendemain de la finale, ce titre est en une de *L'Équipe*.

En pleine conversation avec ses amis, Christine répond machinalement, oubliant le contexte.

— Oui.

Elle interrompt sa discussion lorsqu'elle l'entend élever la voix.

— Les gars, y a la femme d'Eydelie, avec nous, dans le car !

L'excitation monte d'un cran. Les chants redoublent. Ils sont fiers d'être accompagnés par l'épouse d'un joueur. Christine est émue. Les larmes aux yeux. Elle prend alors conscience de ce que représente mon équipe. Je voulais qu'elle connaisse la vérité du peuple marseillais. Elle n'oubliera jamais. Je n'aurai pas vécu cette communion. C'est un regret.

De notre côté, nous sommes au vert, retirés dans un hôtel dont nous sommes les uniques clients. L'atmosphère de ces quelques jours à l'écart de toute effervescence est des plus conviviale. Décontractée, comme d'habitude. Malgré l'enjeu.

Roger Zabel, de TF1, nous accompagne. Il discute devant l'hôtel avec Basile Boli. Je suis assis sur la pelouse, à quelques mètres. Juste au-dessus d'eux, sur un balcon, j'aperçois Casoni, un seau d'eau à la main. Soudain, il le renverse sur la tête du journaliste-présentateur.

— Oh les enfoirés ! Je suis trempé.

Cette anecdote est à l'image de la vie de ce groupe.

Soixante-quatre mille spectateurs garnissent les tribunes du stade Olympique. Nos supporters sont placés dans le virage ouest. Quelque part, ma femme est là. Je pense à elle.

Devant leur petit écran, plus de seize millions de Français attendent le coup d'envoi de la partie.

Tapie et Goethals alignent l'équipe suivante : Barthez, Eydelie, Angloma, Boli, Desailly, Di Meco, Sauzée, Deschamps, Pelé, Boksic, Völler.

En face : Rossi, Tassotti, Costacurta, Baresi, Maldini, Donadoni, Albertini, Rijkaard, Lentini, Van Basten, Massaro. Papin est sur le banc des remplaçants. Gullit ne joue pas, jugé en méforme par le coach milanais, Fabio Capello.

Tapie est sur la pelouse, avec nous, pendant les ultimes instants de notre échauffement.

Dans le vestiaire, je dribble avec le ballon comme un basketteur. Tapie me recadre. Je réplique.

— Cool, cool…

Je suis détendu. À fond dans mon match. Concentré. Excité. Pressé d'en découdre. Enfin, les Milanais à portée de main. C'est toujours chaud dans un couloir qui mène au terrain. La tradition est respectée dans celui du stade Olympique. Je gueule tout seul. Je suis vulgaire.

— Et ces enc… d'Italiens, ils ne nous regardent pas. Mais ils vont nous voir et nous sentir.

Tapie en rajoute.

— Ils sont tous dopés à Milan ! On ne va pas me la faire. Faites des contrôles, vous verrez ce que je vous dis…

En tribune d'honneur, talkie-walkie à la main, le président est anxieux. Il est en contact permanent avec Bernès, présent sur le banc de touche. 26 degrés au coup d'envoi.

D'entrée, je provoque mon vis-à-vis, Lentini. Par des gestes. Je me tire l'oreille. Je le chambre.

— T'as pas ta boucle d'oreille. Où tu l'as mise ? T'as peur que je te la vole ? Tapette ! C'est n'importe quoi. Regarde, moi j'ai la mienne.

Il ne doit même pas m'entendre. Entre intimidation et motivation personnelle. Je décharge mon adrénaline pour mieux maîtriser mon jeu. Évacuer la pression. Ce n'est pas très malin mais cela me galvanise.

Les vingt premières minutes sont difficiles. Sans Barthez, on en prend deux. Il s'interpose face à Van Basten. Puis devant Massaro… J'éprouve des difficultés à bloquer mon couloir. À la mi-temps, Bernès et Tapie penseront d'ailleurs à me remplacer. Heureusement, je me rattrape[1]. Après la demi-heure de jeu, Boli demande à sortir. Le long de la ligne de touche, Völler s'approche. Énervé. Sa colère explose.

— T'es blessé de quoi ? Qu'est-ce que tu fous ? Tu restes.

44e minute. Nous obtenons notre premier corner de la partie. Pelé s'en charge. Il dépose un caviar sur la tête de Basile. Notre défenseur domine Baresi et Rijkaard dans les airs. D'un coup de tête d'anthologie, il trompe Rossi, le portier milanais.

À la 55e minute, un frisson parcourt le stade. Papin effectue son entrée dans le camp adverse. Cette seconde période est une bataille tactique. On s'accroche. On se jette sur tous les ballons jusqu'au coup de sifflet final.

---

1. « Eydelie, promu arrière droit, sut parfaitement occuper l'aile droite de sa défense en y accomplissant un travail très utile de ratissage du ballon devant Lentini qui, après l'avoir pris de vitesse avant le repos, finit par baisser pied et par lui laisser le dernier mot. » *L'Équipe*, 27 mai 1993. Ce commentaire de Jean-Philippe Réthacker est assorti d'une note de 7,2 sur 10.

Deux ans après la finale perdue aux tirs au but à Bari, contre l'Étoile Rouge de Belgrade, l'OM est champion d'Europe. Boli exulte.

— Ce n'est pas extraordinaire, c'est de la folie. Ce soir, je ne pleure pas, non, je ne pleure pas.

Les Milanais, qui n'ont pas été à la hauteur de leur réputation, ont raté leur match. Un match d'une piètre qualité. Le principal est ailleurs.

Tapie s'invite sur la pelouse. La larme à l'œil.

— J'ai souffert pendant quatre-vingt-dix minutes. Dans ce genre de rencontre, il y a fatalement une part de chance. Celle-ci nous avait jusqu'à présent tourné le dos, mais ce soir on a été remboursé et cette victoire efface tout le reste. Quant à moi, pas question de partir là-dessus. On ne s'en va pas sur un coup de tête, comme ça. Le jour où je le ferai, il y aura des garanties quant à la pérennité du club.

Deschamps brandit la coupe tant convoitée sur une chanson symbole du groupe Queen, « We are the Champions ». Torse nu, le maillot de Lentini sur les épaules, je porte la coupe. Incroyable. Plénitude absolue. Objectif atteint. J'ai tellement désiré ce titre.

Trop, peut-être...

À aucun moment, Tapie ne pose les yeux sur moi. Malgré la plus intense des émotions, malgré l'ivresse du plus grand des succès, j'ai le sentiment de ne déjà plus exister pour lui. Il fuit mon regard, il l'esquive. Pas un mot de félicitation, pas un geste affectif ou de reconnaissance. Il me traite différemment des autres joueurs. Je me sens exclu.

Johan et Antoine sont restés à Marseille, chez leur baby-sitter. Juchés sur le toit d'une voiture, au milieu de tous les supporters ivres de bonheur, ils tiennent à la main un drapeau sur lequel est écrit : « Mon papa a gagné la Coupe d'Europe. »

Devant la presse, fidèle à ma réputation, j'ouvre ma gueule. Je n'oublie pas Amoros. Non retenu dans le groupe, il est resté à Marseille : « Je trouve qu'il aurait été normal que Manuel, recordman des sélections en équipe de France, soit avec nous. C'est un manque de respect à son égard[1]. »

C'est la folie dans le vestiaire. Plaisir indescriptible. Travail accompli. Assis à côté d'Abedi Pelé, je tourne la tête pour assister à une scène surréaliste. Bernès craque. Il pleure. Pas forcément de joie. Trop de stress ? Trop d'angoisse ? La peur des lendemains qui déchantent ? La crainte du scandale ? Le directeur général se dirige vers les douches. Le président de la Ligue, Noël Le Graët, le suit. Le directeur général olympien se penche sur cet ennemi intime de Tapie pour sangloter au creux de son épaule. À quoi jouent-ils ? Le patron du football professionnel français tente de le consoler. Plusieurs personnes les rejoignent. Malgré les différends, cette scène d'union sacrée m'apparaît déplacée. Symbole de l'hypocrisie dominante dans le fonctionnement de cet univers où seul le ballon tourne rond.

Silvio Berlusconi, le charismatique président milanais, vient nous féliciter. Il serre la main de chaque Marseillais. Une certaine forme de classe.

Retour à l'hôtel. Pascal Olmeta se moque de moi avec sa dérision et son ironie habituelles. Hilare.

— T'es vraiment un gros con. T'es tombé dans leur merde.

---

1. *France Football*, 1er juin 1993.

Dans son style bien à lui, il en rajoute. Depuis la sortie des vestiaires, il ne me lâche pas avec cela. Tabou pour le reste de l'équipe, ce sujet lui inspire des plaisanteries. J'apprécie cette attitude. Franche. Une manière de dédramatiser.

Durant de très longues minutes, au téléphone, je partage l'événement avec Christine. J'ai accompli mon objectif suprême. Accrocher cette étoile au maillot marseillais. J'ai tenu mon serment de la dernière soirée passée à Nantes. J'inaugure mon palmarès. J'aimerais qu'elle soit près de moi. Mais je ne désirais pas qu'elle se « mélange » à toute cette faune.

La soirée n'est pas à la hauteur du titre gagné. J'en conserve l'image intacte. Deschamps dîne à la table de Tapie. Je suis à celle des hommes de la sécurité. Aucun coéquipier ne m'a gardé une place à côté de lui. Je ressens une certaine distance. Pendant une demi-heure, Boli est à l'animation. Du grand Basile. Les flashes crépitent. À mes yeux, la liesse est mise en scène. Factice.

À un moment, un joueur m'interpelle.

— Tu vois ces deux hommes en costume sombre qui traversent la salle. Ils viennent chercher l'argent.

Effectivement, deux personnes étrangères au club et à la fête sont présentes. Est-ce une boutade ou est-ce la réalité ? Je ne veux pas y croire. Des joueurs du Milan AC auraient été achetés ? Lors de la finale la plus prestigieuse des Coupes d'Europe ! Impossible de l'admettre. De plus, cette équipe est composée uniquement de stars multimillionnaires. Non ! Impensable.

Plus de deux ans après, en 1995, Jean-Pierre Papin se confiera à quatre journalistes transalpins[1]. Ses propos rejoignent ceux du joueur qui m'avait interpellé lors de la soirée.

— Au jour d'aujourd'hui, on a rendu public à peine dix pour cent de ce qui s'est passé à l'OM. C'est sûr, Tapie ne dira jamais rien. [...] Les Marseillais ont trop d'orgueil. Ils ont gagné la Coupe d'Europe en battant le grand Milan. S'ils devaient apprendre que même cette finale était truquée, alors...

Une autre question lui est posée.

— En France, il circule une rumeur selon laquelle Tapie aurait « acheté » un joueur du Milan AC.

— Pas un mais deux. Tu ne peux pas arranger un match avec un seul joueur. À dix, on peut toujours jouer. À neuf, c'est autre chose, la partie devient beaucoup plus difficile. [...] J'ai joué à Marseille six ans, et je savais parfaitement comment se passaient les choses.

JPP a-t-il des comptes à régler avec Tapie ? N'a-t-il toujours pas digéré sa défaite lors de ce match du 26 mai 1993 ? Je ne le saurai jamais. Peu de gens connaissent la vérité.

Vers 3 heures du matin, avec Olmeta et le docteur du club, Jean Duby, on se dirige vers Munich. Tout est fermé. Le sacre européen s'achève bizarrement.

La véritable célébration aura lieu le lendemain, à Marseille, avec les supporters. Elle débute dans l'avion du retour. Bien calé au fond, je suis chargé de

1. Interview réalisée par la *Gazzetta dello Sport*, le *Corriere della Serra* et *Tuttosport*. Elle est retranscrite dans *France Football*, 15-21 août 1995.

remplir de champagne la coupe aux grandes oreilles. Une fois vide, elle me revient, avant de repartir.

Une question me taraude déjà, qui ne me quittera plus. Avec le recul, elle prend tout son sens. Et si c'était moi qui avais marqué le but de la victoire à la place de Basile Boli ?

13
Dopage ?

De cette finale, une sale image reste gravée en moi. Nous sommes dans une pièce annexe au vestiaire. À quelques minutes de l'affrontement. Un membre du staff médical plante son aiguille dans ma fesse. Il répète ce geste sur plusieurs titulaires. Les remplaçants, je ne sais pas. Rudy Völler refuse. Il hurle, insulte tout le monde. J'accepte cette injection dont je ne connais pas la nature. La consigne est claire : « Tout le monde doit y passer. » Je ne me pose pas de questions. Seule la finale compte. C'est la seule et unique piqûre de ma carrière. Les effets secondaires ne sont pas agréables. Ils m'ont handicapé. Impression désagréable dans la bouche, mes jambes réagissant bizaremment.

À Marseille, je n'ai assisté qu'à deux scènes troublantes. Celle de Munich et une autre, au Vélodrome, à l'occasion de la venue de Nantes en championnat. À la mi-temps, on nous propose des pilules blanches.

En 1993, au sein de l'effectif, bien des bruits circulent. Une partie du staff médical se plaint de certaines méthodes. Mais tout est réalisé à la discrétion du joueur intéressé par une pratique illicite. Nous sommes donc bien loin des descriptions de Tony Cascarino et Chris Waddle.

En décembre 2003, ces deux stars des années Tapie divulguent des habitudes de dopage au sein de la formation phocéenne.

L'attaquant irlandais, buteur de Marseille entre 1994 à 1996, se souvient : « En deux saisons, j'ai inscrit soixante et un buts en championnat. Cela m'a valu l'adulation des foules, ce que j'avais désespérément cherché en Angleterre. Et, dans mon désir de ne pas décevoir, je me suis fréquemment fait piquer. Tapie m'avait fait savoir que ma place dans l'équipe dépendait de mon accord. À ce jour, je n'ai aucune idée de ce que c'était. Le médecin me disait seulement que cela me donnerait une décharge d'adrénaline. Quel que fût le produit, mes performances se sont améliorées. Je me raccroche à l'espoir que c'était légal. Même si, en réalité, je suis sûr à 99 % que ça ne l'était pas. À l'OM, tout cela a probablement commencé à la fin des années 80[1]. »

Moins d'une semaine après « Tonygoal », l'Anglais Chris Waddle, adulé par le Vélodrome de 1989 à 1992, affirme à son tour : « On recevait des injections tout le temps. Le médecin du club nous disait qu'elles nous aideraient pour récupérer après les matches. Mais, après deux piqûres, je ne voyais pas la différence. Alors, j'ai laissé tomber. Jamais personne

1. Interview publiée dans le *Times*, 15 décembre 2003.

n'a subi de tests antidopage et jamais rien d'illégal n'a été révélé[1]. »

« Toutes les piqûres étaient faites par le docteur du club », garantit Cascarino. La réponse de Jean Duby, médecin durant la période Tapie, de 1986 à 1994, ne tarde pas. « J'ai quarante ans d'expérience et c'est quelque chose que je n'ai jamais fait. Le club a été contrôlé cinquante fois par an. Avec la suspicion autour de l'OM, on était plus contrôlés que les autres. Jamais un joueur n'a été positif. On n'a jamais dopé personne à l'OM. Je ne crois pas qu'une piqûre puisse rendre quelqu'un meilleur footballeur. Qu'il y ait eu des prises de médicaments, de fortifiants, il y en a dans tous les clubs. On joue beaucoup sur l'effet placebo : si je vous donne un verre d'eau et que je dis que cela va vous rendre meilleur, vous l'êtes, généralement. On en profite pour donner un peu de vitamines C[2]. »

Bien entendu, Bernard Tapie réfute, également, l'idée d'un système de dopage organisé dans son propre club. « Dans le football, il y a du dopage. Parce que dans tous les sports, il y en a. Mais il est individuel. Dans tous les clubs, les services médicaux sont dirigés par des médecins. Aucun d'eux ne prendrait le risque de faire un dopage collectif au risque de perdre son droit d'exercer. Le foot, c'est un petit monde où tout se raconte. S'il y avait eu un dopage organisé dans un club, ça se saurait[3]. »

Après une année passée à Marseille, alors au sommet de l'Europe, je confirme les propos de celui

1. Interview publiée dans le *Sun*, 18 décembre 2003.
2. *La Provence*, 17 décembre 2003.
3. RTL, 16 décembre 2003.

qui est maintenant devenu comédien. Je n'ai jamais assisté à des séances de « charge » réunissant l'ensemble des joueurs. Mais l'OM et le dopage restent liés dans l'inconscient du public.

Je me souviens de cette anecdote qu'un coéquipier me relate au terme du stage d'avant-saison. La scène se déroule le 13 décembre 1988, lors d'un match de championnat à Nice. Pour le contrôle antidopage qui sera effectué à la fin de la rencontre, deux numéros sont tirés au sort : le 6 et le 3. Respectivement ceux de Bruno Germain et d'Éric Di Meco. À la mi-temps, les dirigeants marseillais apprennent ce qui attend leurs joueurs. Le milieu de terrain et le défenseur sortent avant la fin du temps réglementaire. Au moment d'effectuer le test, ils sont introuvables. Ils ont déjà quitté le stade du Ray et sont rentrés à Marseille avant le reste du groupe. Justification de l'OM : « Nous pensions que les numéros 9 et 2 devaient se présenter. » En fait, le 9 et le 2 étaient ceux des Niçois… Suspendus quatre matchs dans un premier temps, les joueurs sont disculpés en appel. Avec le recul, cela fait sourire.

À ma connaissance, un seul procès pour dopage généralisé a eu lieu en Europe. Celui de la Juventus de Turin. En Italie donc, berceau de ces pratiques. Le scandale éclate en juillet 1998. Dans un magazine transalpin, l'entraîneur tchèque de l'AS Rome, Zdenek Zeman, met fin à l'omerta. « Le football italien doit sortir des pharmacies. » Il focalise ses attaques sur l'ancienne formation de Michel Platini, où évoluent alors Zidane et Deschamps.

La justice enquête. Elle reproche à Riccardo Agricola, le médecin chef du club, une utilisation abusive de médicaments en dehors de toute justification thérapeutique et d'administrer de l'EPO.

Giuseppe D'Onofrio, un éminent hématologue, le prouve. Dans le rapport de son expertise fourni lors du procès, il démontre que l'EPO a été utilisée de manière systématique et intensive entre 1994 et 1998. Pour arriver à cette conclusion, il s'est fondé sur une étude concernant les variations des paramètres sanguins de près de cinquante joueurs. Pour ce spécialiste, plusieurs présentent des variations physiologiques inexplicables.

Condamné pour fraude sportive et administration d'érythropoïétine, fin novembre 2004, il est acquitté le 14 décembre 2005 par la cour d'appel de Turin. Agricola ressort blanchi du plus important procès pour dopage jamais tenu dans ce sport. Les faits reprochés à la Juve sont antérieurs à la législation qui prévoit des sanctions pénales, datant de 2000. D'Onofrio est dépité. « Une chose est sûre, le football est intouchable. Désormais, plus personne n'enquêtera sur ce qui se passe dans les pharmacies des équipes de foot. »

14

We are the Champions !

L'aéroport de Marignane est envahi par nos supporters. Notre trajet jusqu'à Marseille se passe dans l'euphorie.

Dans le bus, nous avons tous le nez collé aux vitres. Une horde de motards nous escorte. C'est extraordinaire. Des drapeaux de l'OM flottent au-dessus des voitures. Jamais la liaison entre le tarmac et le Vélodrome n'a été si longue. On aimerait que cela ne s'arrête jamais. La police nous ouvre la route. Je profite de chaque instant. J'ai pleinement conscience du moment rare que je suis en train de vivre. Nous approchons du stade. L'enceinte du boulevard Michelet est bondée. La foule exulte à l'apparition du trophée brandi par notre capitaine. Le show peut débuter. Tapie et Boli en sont les vedettes. Fabuleux. Le buteur d'hier ne lâche plus le micro. Il entonne les chants des supporters. Le public lui répond comme s'il était une star de rock en concert. C'est unique. Nous portons le Boss en triomphe. Je suis aux premières loges. Au pied des virages, je glisse à Sauzée :

— Donne-leur la coupe !

— T'es fou, on va jamais la revoir !

Nous la tendons vers les fans surexcités, qui la touchent. Moments simples de bonheur.

Zabel ne peut pas assurer la présentation de l'événement, le président le remplace au pied levé. Tapie ordonnance tout. Du service d'ordre sur la pelouse à la préparation de son intervention en direct pendant le 20 heures de TF1.

Après la folie, le calme. Comme prévu, à la maison, le champagne est au frais. En comité restreint, nous célébrons la victoire. Ma victoire. Nous prenons la voiture pour aller dîner à la Baie des Singes, chez Doumé. Cigales de mer, pâtes à la tomate. Juste ma femme et quelques amis proches. On apprécie le moment présent.

Les festivités passées, j'éprouve le besoin de m'isoler. Je prends le temps de lire la presse. *L'Équipe* du 27 mai 1993 consacre ses huit premières pages à la victoire olympienne. Dès la suivante, un article intitulé « L'enquête va commencer » stipule que, la finale ayant été disputée, les investigations de la Ligue vont pouvoir débuter, comme prévu. Ce papier est précédé d'un surtitre : « Affaire Glassmann-OM. » Bientôt, on ne parlera plus que de l'affaire VA-OM. Et elle sera en une.

Calé à côté de la chaîne stéréo, je pleure. Ma femme est choquée. Surprise. Je tente de la rassurer.

— J'évacue le stress.

Les jours se suivent et se ressemblent. Je m'isole de plus en plus régulièrement. Pour pleurer. Je m'enferme des heures entières. Christine s'inquiète. L'excuse de la décompression ne dure pas longtemps. Je me décide à exprimer l'inavouable.

— À Valenciennes, j'ai obéi à Bernès.

Elle comprend tout de suite. Elle est stupéfaite. Décomposée.

— Tu l'as fait !

Chez nous, la fête aura duré deux jours.

15

Mes deux derniers matches

30 mai. Dans un stade Vélodrome chauffé à blanc, plein à craquer, nous recevons notre principal adversaire, le Paris-Saint-Germain. Avant-dernier match du championnat. Quatre jours après la finale de la Coupe d'Europe. Quatre jours sans entraînement. L'atmosphère est irréelle. Il nous suffit d'un point pour remporter le titre national.

Je rentre mal dans la rencontre. Je ne suis pas dans le coup. Je laisse échapper Guérin. Le milieu de terrain lance Weah. La frappe du Libérien touche le poteau. Guérin a suivi. Après huit minutes, il ouvre le score. Je me rattrape en étant à l'origine de l'égalisation de Völler à la 16e minute. Vingt minutes plus tard, nous prenons l'avantage suite à une action bien construite, conclue par un centre de Pelé pour la tête de Boli. À un quart d'heure de la fin, Boksic inscrit le troisième but. Un match mythique. Certains disent la plus belle de toutes les confrontations entre ces deux clubs rivaux. Le commentaire de *L'Équipe* est élogieux à mon égard : « Eydelie [...] s'améliore de jour en jour[1]. » C'était mon deuxième « derby » OM-PSG. Ma seconde victoire. La dernière. Je deviens champion de France. L'OM enregistre son cinquième titre consécutif. Un exploit. Tapie est au sommet. Son club bat le mythique record des Verts.

Dans l'édition de *France Football* du 1er juin 1993, une brève sur VA-OM cite mon nom. Reste un match.

Le 2 juin, alors que nous nous apprêtons à partir pour la ville rose, deux représentants de la Ligue veulent entendre ma version des faits. Avant cette confrontation, un proche de Bernès me briefe sur le parking.

— Il va falloir que tu saches mentir, que tu mentes. Tu n'es au courant de rien. Tu n'as rien à voir avec tout ça.

C'est ensuite au tour de Bernès. Devant les envoyés de la LNF, il adopte une attitude semblable à la mienne.

J'ai la sensation que ce n'est qu'un début.

Parallèlement, les honneurs s'accumulent. Notre équipe est sollicitée.

Ce 3 juin, le président de la République accueille l'ensemble du club, à l'Élysée. Je suis fier de me retrouver au cœur du palais présidentiel. Un moment sympa. Pour ma famille, de sensibilité de gauche, cet événement est incroyable. Nous posons pour la traditionnelle photo autour du chef de l'État et de Bernard Tapie.

---

1. « Pour leur part, Eydelie, qui s'améliore décidément de jour en jour, Sauzée, qui aura bien fêté ses adieux marseillais, et Barthez, lui aussi en progrès sur tous les chapitres, voire Durand, méritent une citation à part. » *L'Équipe*, 31 mai 1993.

Les joueurs forment un arc de cercle. François Mitterrand serre la main de chaque membre de notre délégation. « Félicitations », « Bravo »... Avec moi, l'échange est moins bref.

— Savez-vous que je suis charentais ? De Jarnac.

— Oui, je sais, monsieur le Président.

— Je suis allé à l'école Saint-Paul à Angoulême.

— Moi, j'étais à la Grande-Garenne.

— Vous savez que tous les Charentais qui sont allés à l'école à Angoulême sont des gens intelligents.

— Oui, oui.

Je saisis son allusion. Je décrypte son message. Mon interprétation est sans équivoque. Je dois être intelligent dans ma gestion du scandale à venir. Je dois être intelligent dans ma gestion du cas Tapie. En attendant qu'il arrange tout, je dois être intelligent...

À ma gauche se trouve Pascal Olmeta. Il a entendu les petites phrases de François Mitterrand. Toujours aussi excentrique, notre gardien remplaçant l'interpelle.

— Alors monsieur le Président, après la Charente, vous allez faire quoi pour la Corse ?

Le chef de l'État semble apprécier ce trait d'humour.

Vingt-quatre heures après cette réception, Jean-Pierre Bernès dépose une plainte pour dénonciation calomnieuse suite aux déclarations de Jacques Glassmann. Pour lui, « c'est Valenciennes qui a proposé un arrangement. Pas l'OM ».

Le 7 juin, l'affaire prend de plus en plus d'ampleur. Sans être impliqué, ni même cité, Tapie donne sa position. Il transmet à l'AFP un communiqué officiel. « Quand Bernès et Eydelie ont fait part de leur intention de déposer plainte, il y a trois semaines, je leur ai demandé d'attendre la fin du championnat et de la

Coupe d'Europe. Les explications qu'ils m'ont fournies pour justifier cette plainte sont suffisamment claires pour que leur version soit la bonne : 1) Jacques Glassmann a attendu plus d'une journée et une nuit pour faire savoir à ses dirigeants qu'il avait été contacté par des gens de Marseille, alors qu'il était en leur présence à l'hôtel, lorsque l'appel a, soi-disant, eu lieu. 2) Les dirigeants de Valenciennes, contrairement à toute logique, ont attendu d'être menés 1-0 à la mi-temps pour faire connaître aux délégués cette histoire. 3) Des faits identiques se sont produits avant le match précédent contre Bordeaux, mais auprès d'autres joueurs, et notamment le gardien de but de Valenciennes. Cette affaire est restée, comme par hasard, confidentielle. Enfin, j'affirme qu'à mon arrivée au stade, et en présence de plusieurs témoins, les dirigeants de Valenciennes, Borloo étant absent, m'ont fait effectivement la proposition que nous fassions match nul. Ces faits sont suffisamment clairs pour que j'apporte toute ma confiance aux versions d'Eydelie et de Bernès. »

Le soir même, il parade sur TF1, en prime time. Michel Drucker reçoit l'OM au grand complet dans son émission « Star 90 ». Toute l'équipe participe à l'émission. Sauf moi. Je suis en Jamaïque depuis vingt-quatre heures. En compagnie d'amis proches. Un voyage prévu de longue date que je n'ai pas voulu repousser pour montrer mon sourire à la télé. Je préfère me reposer avec ma femme. À l'abri. Loin de toute la folie médiatique.

Durant ce séjour, les altercations avec Christine sont fréquentes. Les accrochages se succèdent. Elle veut même rentrer en France. Elle n'arrive pas à croire à mon implication dans cette embrouille : « Tu es vraiment trop con ! » Elle m'en veut. Sous le soleil jamaïcain, je lui raconte cette mésaventure dans les moindres détails. Jusque-là, je n'ai évoqué que Bernès. Elle est dorénavant au courant de l'influence de Tapie.

Pendant ce temps-là, en France, la machine s'emballe. Burruchaga reconnaît qu'il était au courant de la corruption[1]. D'autre part, la Ligue nationale de football et son président, Noël Le Graët, portent plainte auprès du procureur de la République de Valenciennes. Ce même Le Graët qui profitait du succès de l'OM sur la scène européenne. Ce même Le Graët qui réconfortait un Bernès effondré à Munich. Il déplace le dossier sur le terrain de la justice civile, et plus uniquement sportive.

Dès le lendemain, l'information judiciaire est ouverte pour « corruption active et passive » par le procureur de la République de Valenciennes, Éric de Montgolfier. Le juge d'instruction désigné pour instruire le dossier se nomme Bernard Beffy.

Le 11 juin, Glassmann lui raconte tout.

1. *France Football*, 8 juin 1993.

16

Le début de la fin

De retour après dix-huit jours de vacances, je me rends à Nantes pour fêter la victoire avec la famille de ma femme et des amis. La réplique miniature du trophée et le champagne ne me quittent pas.

Nous sommes le 24 juin. Je suis chez mes parents. Je célèbre notre succès continental avec une quinzaine de proches quand la sonnerie du téléphone retentit.

— Monte vite à Paris, on a retrouvé l'argent dans le jardin de la tante de Christophe Robert[1] !

Cette voix au bout du fil, je la connais bien. C'est celle de Jean-Pierre Bernès. Un ami nous conduit, ma femme et moi, jusqu'à Paris. Nous roulons toute la nuit. Le rendez-vous est fixé au Concorde Lafayette, porte Maillot. Au matin du 25, Bernès et ses représentants sont là, qui nous attendent comme convenu.

---

1. L'attaquant de Valenciennes, interpellé à Périgueux, reconnaît avoir touché de l'argent. Il emmène les enquêteurs chez sa tante, à Ribérac, en Dordogne. Dans le jardin de cette dernière, les policiers déterrent les 250 000 francs.

— Tu vas être reçu par Bernard Tapie au siège de Bernard Tapie Finance. Il ne sera pas seul. Laisse-le parler, écoute ce qu'il a à te dire.

Ils me font promettre de ne jamais rien dévoiler sur ce qui s'est passé les 19 et 20 mai. Ce n'est pas la première fois que je les côtoie. À l'issue du dernier match du championnat, je les avais déjà vus chez leur client.

— Est-ce que l'on peut compter sur toi ? Ne dis rien. À personne.

Et Bernès de me proposer un marché.

— Si tu ne parles pas, les 350 000 francs qui devaient revenir aux Valenciennois, je te les donne.

En début d'après-midi, dans le bureau du président de l'OM, avenue de Friedland, je me retrouve face à une douzaine de personnes. Bernès et ses défenseurs. L'attaché parlementaire de Tapie, Marc Fratani. D'autres que je ne connais pas.

Le député des Bouches-du-Rhône me donne sa seule et unique consigne.

— Écoute, gamin. Je ne te demande qu'une chose : que je ne sois jamais égratigné dans cette histoire. Si tu fais ce que je te demande, tu auras ce que je t'avais promis, c'est-à-dire un bon contrat.

Le contrat en question est celui négocié avec Jean-Pierre Bernès, au printemps. Quinze millions de francs étalés sur les cinq saisons à venir et la prime de match pour la victoire en Coupe d'Europe. Sa stratégie est limpide. Il se sert de moi. Il m'envoie en première ligne pour ne pas être inquiété. Si je m'acquitte du rôle qu'il me confie, je toucherai ce qu'il vient de me promettre.

À partir de ce jour-là et jusqu'à la parution de ce livre, jamais je ne dirai que le président de l'OM était au courant des contacts avec les trois joueurs de

Valenciennes. Dans la foulée, il me présente l'avocat qu'il m'a choisi, Thierry Herzog. Tapie a tout prévu. Au Bourget, son jet privé nous attend. Direction Valenciennes et le cabinet du juge Beffy. Ma mission : affirmer au magistrat instructeur que cette histoire est inventée de toutes pièces, que je n'ai rien à me reprocher.

J'obéis comme un petit chien. Je comprends qu'il m'utilise pour tenter d'influencer le juge. Je suis le bouclier humain censé protéger l'ancien ministre de la Ville. Je rejoins le nord de la France. Je ne préviens pas ma femme, qui m'attend toujours dans la chambre de l'hôtel.

Durant le trajet, l'avocat m'interroge.

— Qu'est-ce que vous pensez de tout cela ?

Je sens qu'il est gêné par le moyen de transport. Il m'apparaît être mal à l'aise par rapport à ce que Tapie vient de nous demander.

Dès notre arrivée au palais de justice, Me Herzog demande à être reçu par Bernard Beffy. Quelques heures plus tard, le juge nous ouvre les portes de son bureau. Sa première question est révélatrice de la surprise de nous voir là.

— Monsieur Eydelie, qu'est-ce que vous voulez ?

— Je suis là pour vous dire que tout ce qui est écrit dans la presse est faux. Tout ce qui se raconte sur ce match est faux. Il ne s'est rien passé. Et moi, je n'y suis pour rien.

— Si vous le prenez ainsi, je vais vous placer en garde à vue.

Je suis stupéfait. Je prends alors conscience que l'affaire devient grave pour moi. Je tente de me défendre. Je hausse le ton.

— Vous n'avez pas honte ! Depuis quelques jours, je suis champion d'Europe et vous me mettez en garde à vue !

Soit Tapie et sa bande ont anticipé sa réaction et leur plan fonctionne. Ils gagnent du temps. Soit ils sont dépassés parce qu'ils n'ont pas prévu la tournure que prendraient les événements. Quelques heures plus tôt, en acceptant le deal dans le bureau de Tapie, je n'ai, à aucun moment, imaginé cette issue. En vingt minutes, ma vie bascule. Christine découvre ma situation en écoutant la radio. Je suis conduit au SRPJ de Lille afin que les policiers entament leurs interrogatoires. Il est environ 18 heures.

Je surprends une conversation téléphonique dans un bureau mitoyen. Un homme évoque une perquisition au siège de l'OM. Il se renseigne pour les horaires de train. Il demande quels sont les policiers chargés de ce travail. Tout doit être réglé très rapidement.

De mon côté, je n'apporte qu'une seule et même réponse aux différentes questions de l'inspecteur principal : « Je ne parlerai qu'en présence de mon avocat ! » Je me trouve chez l'ennemi. Donc, je joue ma partition. Pendant trois heures et demie, je ne dis rien. Je répète inlassablement la même phrase.

Le lendemain, nouvel interrogatoire avec une femme inspecteur. Mon discours reste le même. Je refuse de signer le procès-verbal et je m'arrange pour prévenir l'OM de la prochaine perquisition.

Du coup, les dirigeants olympiens ont le temps de faire le ménage[1]. Grâce à moi.

---

1. La perquisition a lieu le 30 juin. Le juge Beffy, accompagné de cinq policiers, restera sept heures dans les locaux de l'OM. Dans le bureau de Bernès, ils retrouvent une enveloppe presque identique à celle déterrée dans le jardin de la famille Robert et des agrafes qui ressemblent à celles qui maintenaient les billets.

Parallèlement, le juge Beffy entend Christophe Robert. Il est mis en examen pour corruption passive. À sa sortie du tribunal, il répond aux nombreux journalistes présents. Sa déclaration est un aveu.

— Glassmann a dit la vérité.

Le 27 juin, première comparution devant Bernard Beffy dans le cadre de la procédure. Je clame mon innocence.

— Je trouve scandaleuses les accusations portées contre moi. Je n'ai rien à voir avec les faits qui me sont reprochés. Je n'ai plus rien à dire. Je voudrais être confronté, le plus rapidement possible, à M. et Mme Robert[1].

Le magistrat instructeur me signifie ma mise en examen pour « corruption active ». Mon avocat s'exhibe devant la presse.

— M. Eydelie conteste la matérialité des faits qui lui sont reprochés. Il est l'objet d'un ordre d'isolement. Le privilège de pouvoir tout faire et tenir des conférences de presse quotidiennes est réservé à certains.

Allusion à la forte présence médiatique d'Éric de Montgolfier et à son bras de fer avec le dirigeant olympien. Le procureur ne laisse pas passer. Il rassemble les journalistes.

— Le mensonge par voie médiatique demande des réponses. On est passé à un autre braquet. Des protagonistes de cette affaire, qui sont eux-mêmes mis en examen, se sentent maintenant le dos au mur et ont choisi l'attaque. Il y a d'un côté les aveux des époux Robert. De l'autre, les dénégations de Jean-Jacques

1. Extrait du procès-verbal de mon audition du 27 juin 1993.

Eydelie. Ces dénégations sont incompatibles avec ce que je sais du dossier. [...] Je constate aussi nombre de pressions sur les protagonistes de cette affaire et sur la justice. Peut-être pour que la vérité n'apparaisse pas...

Je passe ma première nuit à la maison d'arrêt de Valenciennes. Jean-Pierre Bernès, lui, se trouve à l'hôpital Sainte-Marguerite de Marseille, depuis la veille. Entre antidépresseurs et psychiatres. Tapie détaille l'état de santé de son bras droit. « Bernès, qui est mon ami, est traité pour dépression depuis cinq mois. Et depuis un certain temps, il encaisse tout sans broncher. Là, la goutte a fait déborder le vase[1]. »

---

1. Le *Journal du Dimanche*, 27 juin 1993.

17
Dans la tourmente

Dans ma cellule, je regarde la télévision. En ce 1er juillet 1993, un reportage est consacré à la première journée de stage d'avant saison de mes anciens coéquipiers. Ils rejoignent Font-Romeu où une vingtaine de membres du SRPJ de Lille les attendent à leur hôtel. Dès la fin du déjeuner, plusieurs joueurs sont entendus. Casoni, Völler, Boli, Thomas, Durand et Angloma sortent les premiers, à intervalles réguliers. Ferreri, Di Meco, Desailly et Deschamps sont interrogés plus longuement. Ferreri parce qu'il partageait ma chambre à Valenciennes. Di Meco car il a provoqué la sortie sur blessure de Robert. Et les deux derniers parce qu'ils avaient discuté avec Marie-Christine Robert la veille du match.

La réaction de Tapie est immédiate : « J'ai envie de gerber. Pas d'arrêter. On réglera tout ça à la fin. J'ai la certitude que tout finira bien. Enfin, pas pour tout le monde. Je vous jure que toute la procédure se retrouvera sur la place publique. C'est des cow-boys. Là, on me canarde mon club, on ouvre des coffres au chalumeau, on dit au monde entier qu'on est des voyous. Il y a eu un communiqué officiel du club de Valenciennes qui dit : "Après avoir mené nos investigations, nous pouvons affirmer qu'aucun des dirigeants de l'OM ne peut être mis en cause." C'est la plus grande manipulation médiatique que j'ai vue de ma vie. Vraiment, on est chez les dingues[1] ! »

Pas un JT qui ne consacre une large place à ce qui devient le feuilleton de l'été. Les rebondissements y sont tellement nombreux, et les acteurs tellement prestigieux…

Le 1er juillet, toujours, Burruchaga lâche le morceau. Dans le bureau du juge d'instruction, il admet la transaction. Et surtout, il donne le nom de Bernès.

— Je suis sûr que c'était lui avec Eydelie au téléphone[2].

L'international argentin est mis en examen pour « corruption passive ».

Autre fait marquant de cette journée agitée, les déclarations de Bernard Tapie dans *Paris-Match*. « Robert et sa femme ont reconnu avoir téléphoné à leur ami Jean-Jacques Eydelie, un mois avant le match Valenciennes-OM, pour lui demander s'il pouvait leur prêter 200 000 francs pour acheter un restaurant. Ça, ce ne sont pas des rumeurs, c'est officiel. Avouez que ça change tout ! Je ne crois pas que Jean-Pierre Bernès se soit rendu coupable de corruption à mon insu. Le crédit que je donne aux déclarations de Robert est égal à zéro. D'ailleurs, tous les joueurs de Valenciennes sont manipulés. »

---

1. *Libération*, 2 juillet 1993.
2. Extrait du procès-verbal d'audition de Jorge Burruchaga, daté du 1er juillet 1993.

Au cours d'un point presse, le procureur s'adresse au président de l'OM : « Je persiste à dire que M. Tapie est un témoin dans cette affaire. Il a imprudemment choisi d'occuper le devant de la scène. Si vraiment M. Tapie a envie d'être mis en examen, qu'il le dise. »

Dans les rues de Marseille, quelque mille cinq cents supporters manifestent sous les fenêtres de la Ligue méditerranée de football. J'en vois les images à la télévision. Je discerne une banderole. « Libérez Eydelie. » Puis une autre. « Wanted. Mort ou vif », cette légende encadre une photo de Glassmann.

Parmi le flot d'informations, une interview attire mon attention. Celle de Me Éric Dupont-Moretti, l'avocat de celui qui est désormais surnommé le « Monsieur Propre » du football. « Il me semble évident que l'argent en question ne pouvait pas sortir de la poche d'Eydelie. Ceux qui ont versé cet argent sont peut-être, pour reprendre un terme cher à Tapie, des "salauds", puisqu'ils laissent un homme moisir dans sa cellule[1]. »

2 juillet. La bataille pour occuper le devant de la scène médiatique se poursuit entre le procureur et l'ancien ministre de la République. Éric de Montgolfier est l'invité de France Inter. Il est interrogé sur les conditions de mon incarcération. Je l'écoute. « Il y a eu des accusations concordantes, des preuves matérielles, et en face de cela quelqu'un qui – c'est pleinement sa liberté – tient une position qui ne me paraît pas tenable au regard de ce que je sais. Si Eydelie avait avoué, je n'aurais pas requis sa mise en détention. Je l'avoue bien humblement. »

Il est donc convaincu que je dissimule la vérité.

---

1. *L'Humanité*, 1er juillet 1993.

L'après-midi, à l'Évêché de Marseille, Jean-Pierre Bernès est entendu par les membres du SRPJ de Lille. La version de l'OM s'officialise dans les propos de son directeur général. Il raconte une conversation qu'il aurait eue avec l'entraîneur de Valenciennes, le 19 mai. « Primorac m'a dit : "Pour moi, demain, c'est un match capital. Toi, tu n'as rien à gagner, ni à perdre. Ne pourrait-on pas faire un petit match nul[1] ?" »

Pendant toute la durée de garde à vue, il n'a cessé de couvrir Tapie. Il est écroué aux Baumettes à Marseille.

5 juillet. Les médias ne vibrent plus que pour cette affaire. Sur Europe 1, mon avocat évoque mon avenir sportif : « Il va très mal. Il supporte difficilement la responsabilité qu'on veut, depuis le début de cette affaire, lui faire porter. Et il a pris la décision de mettre un terme à sa carrière de footballeur professionnel. »

Dans mon esprit, si un champion d'Europe souhaite raccrocher les crampons, à tout juste vingt-sept ans, ce n'est pas normal. Dans ma stratégie, cette interview de mon défenseur devait conduire à une réaction du juge. J'espérais qu'il compatirait, et que ma situation évoluerait favorablement. Une grève de la faim aurait certainement eu plus d'influence. Et encore ! Contrarié par ce manque de réaction, je me morfonds dans ma cellule. Pour moi, la situation reste injuste. Les vrais responsables sont dehors. Je suis dégoûté.

Le 6 juillet est une journée bien chargée. Jean-Pierre Bernès quitte l'infirmerie de la prison des Baumettes,

---

1. Extrait du procès-verbal du premier interrogatoire de Jean-Pierre Bernès, le 2 juillet 1993.

à Marseille, pour le nord de la France. Il est mis en examen pour « corruption active ». Il est écroué au service médico-psychologique de la prison de Loos-lès-Lille.

Le même jour, une information judiciaire supplétive contre X débute. Il s'agit là d'une « subornation de témoin ». Le témoin en question est Boro Primorac, l'entraîneur de Valenciennes au moment des faits, mais démis de ses fonctions depuis. Le technicien bosniaque affirme avoir rencontré Bernard Tapie le 17 juin 1993, au siège de sa holding, à Paris. Le député des Bouches-du-Rhône lui aurait proposé de « porter le chapeau ». En contrepartie, il aurait obtenu entre 300 000 et 500 000 francs et un poste à Bastia.

Le 7 juillet, devant toute la presse, Noël Le Graët communique ses premières mesures. Avec Burruchaga et Robert, nous sommes suspendus à titre provisoire. La Ligue me prive du droit au travail avant que la justice ne se prononce. Je ne suis pourtant pas encore jugé. Le championnat débutera sans moi. Ce n'est pas une surprise. Par contre, l'OM sera au départ. C'est déjà ça.

Le secret de l'instruction est bafoué. Mes procès-verbaux sont retranscrits dans la presse, quelques heures seulement après mes auditions. Tapie et de Montgolfier multiplient les interventions publiques. Quelque part, cela m'arrange. Enfermé, coupé de tout, je peux ainsi suivre tous les épisodes concernant mon dossier. Minute par minute. Chaque jour apporte son scoop, son rebondissement, sa déclaration…

Rapidement, VA-OM glisse sur le terrain politique.

Le 8 juillet, Edmonde Charles-Roux prend la parole. Veuve de Gaston Defferre, l'ancien maire de Marseille[1], elle s'insurge contre l'acharnement dont Tapie est victime. « Il est innocent. C'est un coup bas [...]. On a dû faire ça pendant qu'il n'était pas là, d'ailleurs je le trouve très tranquille, très contrôlé face au procureur de la République de Valenciennes Éric de Montgolfier [...]. Certains se sont dit qu'ils allaient faire d'une pierre deux coups et se débarrasser de Tapie. Ça fait l'affaire de tout le monde : de la presse qui a de la copie, du personnel politique de la ville de Marseille et du pouvoir[2]. »

Un soutien de poids. En écho, Tapie adopte le même registre de défense. « À l'heure qu'il est, personne n'est dupe, c'est la chasse à Tapie. Je trouve ça un peu dégueulasse, mais il faut l'accepter. Quand on a les ambitions que j'ai, il faut savoir qu'il y a ce risque. Cette chasse, qui s'appelle la chasse à courre, est organisée avec un seul objectif : tuer Tapie. On a vécu il n'y a pas longtemps une affaire qui vous a attristés quand vous avez vu les conséquences d'une opération comme ça. Ne recommencez pas[3] ! »

L'allusion au suicide de Pierre Bérégovoy est évidente. Une piqûre de rappel à l'attention des journalistes, accusés par Mitterrand d'avoir entraîné par leurs écrits ce geste de désespoir de son ancien Premier ministre.

1. En 1986, c'est Gaston Defferre, alors ministre de l'Intérieur de François Mitterrand, qui avait contacté Bernard Tapie par l'intermédiaire de son épouse pour reprendre en main l'OM.
2. Interview publiée dans *Globe Hebdo*.
3. Discours prononcé par Tapie dans les locaux du Mouvement des radicaux de gauche (MRG).

Tapie n'est pas un businessman ou un président de club de football lambda. Il est alors député des Bouches-du-Rhône. Il a quitté depuis peu son portefeuille de ministre de la Ville[1] et vise la mairie de Marseille, où il apparaît être le seul candidat crédible de la gauche. Les élections municipales sont prévues en 1995. Deux ans plus tard. Certains lui prédisent même un avenir élyséen.

Éric de Montgolfier n'est pas troublé par toute cette agitation. « Je suis prêt à prendre tous les coups qu'il faudra. J'espère simplement que je ne succomberai pas aux attaques. Je ne me fais guère de souci à ce sujet : le dossier comprend de nombreux éléments qui me rassurent et me disent que nous sommes réellement sur la bonne voie[2]. »

9 juillet. Un gardien me tend une paire de menottes.

— Vous allez chez le juge…

— Écoutez-moi bien. Si vous me mettez les menottes, au premier coin de mur ou au premier coin de table, je me fracasse la tête en deux. Et vous irez expliquer aux journalistes, à Beffy, à qui vous voulez, ce qui s'est passé.

— OK.

Dès lors, tous mes transferts entre l'établissement pénitentiaire et le cabinet du juge s'effectuent dans le coffre d'un véhicule… les mains libres.

1. Poste qu'il a occupé à deux reprises sous le gouvernement de Pierre Bérégovoy, du 2 avril au 3 juin 1992 et du 26 décembre 1992 au 29 mars 1993. Les affaires judiciaires annexes à l'OM l'ont obligé à démissionner chaque fois.

2. Interview publiée dans *Le Figaro*, 6 juillet 1993.

J'arrive au palais de justice vers 13 h 30 à bord d'une voiture banalisée. C'est la première confrontation. La première fois que je croise le regard de Robert, de sa femme, de Glassmann et de Burruchaga. Pour moi, il n'y a plus d'amis. Je ne redoute pas ce moment. Je suis en accord avec moi-même. Je sais pourquoi je bluffe.

De quoi est-il encore capable ? Ils se demandent tous ce que je vais bien encore pouvoir sortir. Je m'en tiens au système de défense initial. Je défends le clan Tapie.

— Christophe m'avait demandé de l'argent et j'ai refusé. Il me balance car je ne lui ai pas donné ce qu'il voulait. Il savait que l'OM achetait les matches, donc il s'est servi de Marseille pour avoir de l'argent. Ce sont les époux Robert qui ont monté l'histoire[1].

Beffy intervient.

— Incontestablement, un autre ami de M. Robert, Alain Cormerais, lui a prêté de l'argent.

Dans les mois précédents, les Robert m'ont, effectivement, demandé une certaine somme. Je ne la leur avais pas accordée.

Glassmann gémit.

— Arrête, Jean-Jacques. Dis la vérité, arrête de mentir.

Les époux Robert ont la tête entre leurs mains. Seul Jorge est détendu, souriant. Tout le monde est écœuré par mon comportement. Je les comprends. Je suis seul contre tous. Je reste à fond dans le mensonge, droit dans ma ligne de conduite. Je regarde chaque personne présente dans cette pièce. Droit dans les yeux.

---

1. Extrait du procès-verbal de la première confrontation du 9 juillet 1993.

Au cours de ce débat contradictoire, Christophe Robert disserte sur la corruption, banale dans notre sport.

— Avant un match à Bordeaux, un de mes coéquipiers de Valenciennes a été approché par un dirigeant adverse. Tout le monde sait ce qui se passe. Même le PSG achète des matches[1].

Six heures de mensonges s'achèvent. Je n'ai rien avoué.

« La position de Jean-Jacques Eydelie ne rejoint pas celle des autres », commente Éric de Montgolfier devant un parterre de journalistes. Aucune information inédite ne ressort de la confrontation. Rien. Bernard Beffy a perdu son temps. Pour Jacques Glassmann, je tiens un rôle clé, car en relation avec toutes les parties. « Dans cette affaire, Jean-Jacques est un pion, comme l'ont été plusieurs joueurs. C'est un intermédiaire, mais un intermédiaire qui a été très important. Sans lui, on ne peut pas ouvrir les autres portes. »

Et je ne suis pas prêt à donner les clés.

1. *Idem.*

18

Ça va trop loin

En rejoignant la prison, j'apprends que mon épouse est en garde à vue. Je disjoncte. Maintenant, c'est fini. Dans mon esprit, je mets les rangers, j'enfile un treillis et je nettoie le fusil. Le premier qui joue au soldat, je l'emmène dans la pampa. Je rentre en guerre. Moi, je n'ai plus rien à perdre. Je suis entre quatre murs. Pour Tapie et les autres, c'est différent. Je ne porterai pas la responsabilité de cette affaire, seul. Si elle n'avait pas impliqué Christine, j'étais prêt à rester quatre mois en préventive. Sans rien déballer. Mais la donne a changé, ma famille est en péril. Les règles sont modifiées.

Le lendemain, le 10 juillet, je vois Me Thierry Herzog. Je suis transformé.

— Maintenant, c'est moi qui dicte les règles, c'est moi qui décide comment vont se passer les choses. Je ne veux pas que la situation dégénère encore plus. J'ai préparé une lettre pour le juge Beffy. Je dis tout sur Bernès. C'est lui qui a monté l'histoire. Tu peux rassurer Tapie. J'occulte toujours son rôle, évidemment. Maintenant je veux être reçu par le juge.

Je confie le précieux document à mon défenseur. Il doit le remettre au magistrat instructeur.

Dès le début de l'affaire, j'ai sollicité un homme de confiance pour protéger Christine de toute cette agitation. Pour l'éloigner. J'apprendrai plus tard qu'il est fiché au grand banditisme. Contrairement à ce que je peux entendre, elle ne s'est jamais évaporée dans la nature juste après le match du 20 mai. Elle n'a jamais cherché à fuir la police. C'est même elle qui a spontanément appelé le SRPJ de Nantes en découvrant à la télévision qu'elle était recherchée.

La police l'interpelle chez cet ami, à Nantes. Cinq cow-boys débarquent, revolver au poing. Ils vident son sac, retournent ses affaires. Elle explose.

— Vous pensez que j'ai caché quoi dans mes strings ? Vous me prenez pour qui ? Je ne suis pas un mafieux. Vous vous trompez de personnage.

— Que savez-vous ?

— Je ne sais rien.

Après deux heures d'interrogatoires, les premières menaces.

— On va faire comme avec votre mari. De votre prison vous pourrez lui dire bonjour. Et comme vos enfants n'auront plus de parents, ils iront à la DDASS.

Ils touchent le point sensible. Nos deux fils. Elle ne peut accepter l'idée d'être séparée d'eux. Elle accepte alors de répondre à leurs questions. Elle ne veut parler qu'à un seul des inspecteurs. Elle exige, et obtient, que les autres quittent la pièce.

— La seule chose que je sais, c'est que Bernès laissait des messages sur notre répondeur. Il insistait pour que Jean-Jacques appelle Robert, Glassmann et Burruchaga. Pour qu'ils lèvent le pied. Mais, à ma connaissance, il n'a jamais été question d'une enveloppe.

L'inspecteur poursuit.

— S'il n'y avait pas eu d'enveloppe avec de l'argent, il n'y aurait pas eu corruption. Mais on l'a retrouvée.

— Eh bien voilà, vous me l'apprenez. Je croyais que ce n'était qu'un coup de téléphone. Je lui avais dit de ne pas s'en mêler. Je pensais qu'il avait suivi mes conseils.

Interrogée à Nantes, elle passe une nuit en prison. Le lendemain, elle est transférée à Valenciennes. Face-à-face avec Bernard Beffy. Elle lui répète tout. Mais il veut autre chose. Christine saisit vite l'intention du juge.

— Vous voulez que je fasse « parler mon mari » ?

— Je pense que vous pourriez le faire revenir sur ses déclarations, c'est certain.

— Vous me permettez de le voir.

— Non

— Moi, je veux voir mon mari ! Tant que je ne l'ai pas vu, c'est terminé.

Le juge d'instruction cède.

Quelques minutes passent. Ma femme se retrouve devant moi. Tremblante. Amaigrie.

— Je n'ai rien dit sur Tapie.

Ce sont ses premiers mots. Son instinct l'a poussée à ne pas citer le nom du président olympien. Pourtant, jamais nous ne nous sommes concertés sur ce sujet. Elle a senti qu'en épargnant le député des Bouches-du-Rhône elle mettait sa famille en sécurité. Elle parle donc uniquement du sous-fifre, Bernès.

Je ne réagis pas. Je la regarde. J'ai honte. Honte de lui avoir fait subir la garde à vue. Honte de l'avoir entraînée en prison. Honte de l'inclure dans cette affaire. Honte pour les enfants. Honte de voir ma famille disloquée. Honte de me présenter ainsi devant elle. Elle veut me prendre dans ses bras. Je la repousse.

— Ne me touche pas. Je pue la prison. Ne t'approche pas.

Elle culpabilise.

— Je n'aurais peut-être pas dû parler aux flics. Mais c'était pour te faire sortir de là. Je veux que ça s'arrête.

— Je ne t'en veux pas, Christine.

— Il n'y a pas cinquante mille façons de sortir de là. J'ai épousé un mari, c'est pour la vie. Ce n'est pas pour le regarder derrière les barreaux. Tu as fait quelque chose, tu dois le dire maintenant.

Ma femme s'effondre. Je la réconforte.

— J'ai pris ma décision depuis que je sais que tu es en garde à vue. Chérie, t'inquiète pas. Depuis que l'on t'a touchée, c'est fini. J'ai écrit ce courrier pour le juge. Je lui explique tout et je demande à le rencontrer.

Elle est rassurée. Elle retourne dans le bureau de Beffy.

— Mon mari a écrit une lettre pour vous. Il veut sortir de prison. Faites ce que vous avez à faire.

Éric de Montgolfier qualifie le témoignage de Christine de « déterminant ». Mais, en définitive, elle raconte ce que j'étais décidé à avouer au juge. Pas plus. À aucun moment, elle ne me met en porte à faux. Nous sommes le 10 juillet. Christine ne sera plus jamais directement importunée. C'est le principal. Par contre, elle subira tous les dommages collatéraux.

19

Le grand déballage

11 juillet. À ma grande surprise, je reçois la visite de Bernard Beffy, dans le cadre de son passage mensuel à la maison d'arrêt de Valenciennes.

Une entrevue de courtoisie puisqu'il ne peut m'interroger sans la présence de mon avocat. D'ailleurs, ce dernier est au centre de notre discussion. Je ne le veux plus. Surtout après la garde à vue de ma femme. En mettant Herzog hors-jeu, je coupe ma relation, mon canal de communication avec Tapie. D'abord parce qu'il n'a pas tenu ses engagements. C'est-à-dire, entre autres, l'achat d'une maison à Aubagne. Mais surtout, parce que Christine s'est retrouvée impliquée dans cette sale histoire. Et ça, je ne peux l'accepter. On ne touche pas à un cheveu de ma femme. Je ne peux admettre que la personne la plus importante à mes yeux soit aux mains de la justice. Par ma faute. Et la négligence du candidat à la mairie de Marseille qui devait veiller sur elle. C'était l'une de ses promesses.

J'écris donc à mon futur ex-conseil. « Je vous récuse ce dimanche 11 juillet 1993. Je vous prie de bien vouloir ne plus vous occuper de mes intérêts dans cette affaire liée au match VA-OM. »

Beffy doit être satisfait. Je suis persuadé qu'il sait qu'Herzog m'a été mis dans les pieds par Tapie. De plus, il a longtemps travaillé avec Pelletier, le défenseur de Bernès. Le lendemain, Thierry Herzog se voit refuser l'accès de la prison, apprenant ainsi que j'ai mis fin à notre collaboration. Il recevra le courrier lui signifiant sa récusation au cours des prochaines vingt-quatre heures.

En cette fin de journée, Jean-Louis Borloo se positionne en soutien de son ami et ancien client, Bernard Tapie. « La forte présence médiatique du procureur n'est pas conforme à nos habitudes républicaines[1]. »

C'est à ne plus rien comprendre.

12 juillet. Je me présente en début d'après-midi devant le juge Beffy. À mes côtés, Me Patrick Lefebvre, mon nouvel avocat.

D'emblée, je cadre la nature de notre relation.

— Vous pouvez vous estimer heureux d'être mon avocat. Ça va faire parler de vous. Mais ma ligne de défense, c'est moi qui en décide.

En définitive, je n'ai jamais choisi mon avocat. Après le choix du Boss, Lefebvre est un peu celui du juge d'instruction. J'ai donc droit au bâtonnier, commis d'office. À près de soixante ans, c'est l'apogée de sa carrière.

1. Interview diffusée sur RCJ, Radio communauté judaïque.

Je suis décidé à parler. Pour la première fois je prononce le nom du directeur général de l'OM. En revanche, je ne parle toujours pas de Tapie

— Tout a commencé une dizaine de jours avant le match Valenciennes-Marseille. Pendant un entraînement, Jean-Pierre Bernès est venu me voir. Il m'a demandé si je connaissais Burruchaga, Robert et Glassmann. Je lui ai répondu que oui. J'avais déjà joué avec eux dans le même club. Il m'a alors dit de les appeler pour arranger le match. J'ai tout de suite compris qu'il s'agissait de corruption. Bernès voulait leur donner de l'argent pour qu'ils lèvent le pied, pour que Marseille gagne ce match. Il m'a dit : « Tu as dix jours pour les contacter. » Je ne lui ai rien répondu, je n'ai rien fait, je ne voulais pas le faire.

» Je n'ai jamais dit à personne que je comptais sur Tapie pour étouffer l'affaire. C'est faux. Je ne suis d'ailleurs pas sûr qu'il soit au courant de la corruption. Je ne lui ai jamais dit la vérité.

» Le dimanche 23 mai, nous sommes partis à Munich pour préparer la finale contre Milan. Goethals, l'entraîneur, a couché une première équipe sur le papier. Je n'y étais pas. J'étais vraiment très déçu. Un mois avant, Bernard Tapie m'avait dit qu'il y avait 90 % de chances pour que je joue. Le lendemain, Goethals a changé d'avis. Ne me demandez pas pourquoi, je n'en sais rien. J'étais de nouveau titulaire. Je pensais que certains feraient le rapprochement entre ma réintégration dans l'équipe et le rôle qu'on commençait à m'attribuer dans la corruption de Valenciennes. Je peux vous assurer que je n'ai rien demandé à personne. Quoi qu'il en soit, je pense avoir donné satisfaction contre Milan.

» Au téléphone, Bernès m'a donné l'ordre de ne rien dire. Je savais que mon nouveau contrat n'était pas signé[1]. Si je disais la vérité, je pouvais faire une croix dessus. C'était flagrant, Bernès reculait sans cesse la date de la signature, il avait toujours un bon prétexte[2]. »

Après quatre heures trente passées devant le juge, je retourne dans ma cellule. Une heure après ma sortie du palais de justice, Éric de Montgolfier commente ma déposition, en direct, au journal de 20 heures de France 2. « Je suis à peu près sûr que la corruption est établie pour l'essentiel. Le dossier n'est pas terminé. La justice a quelques atouts dans les mains, elle va encore les conserver quelque temps. Pour ce qui est de Jean-Jacques Eydelie, il sera vraisemblablement remis en liberté. »

Devant ma télé, je respire. Je passe ma dernière nuit en prison.

13 juillet. Je quitte la prison. Dire que ma remise en liberté est très attendue des paparazzi est un euphémisme. « On imagine d'ici la photo en même

---

1. Ce contrat est réel. Je l'avais négocié en avril 1993. Bernès le conservait dans le coffre de son bureau. Il a été retrouvé au cours d'une perquisition. Lors de la confrontation générale du 21 juillet, Bernès le reconnaît : « Je devais le signer le 15 mai dernier, cinq jours avant le match à Valenciennes. Ce retard n'est qu'une négligence de ma part. » Extrait du procès-verbal du 21 juillet 1993.
2. Extrait du procès-verbal de mon audition du 12 juillet. Dans mon récit de l'affaire à Beffy, certains éléments ne reflètent pas la réalité. Par exemple, l'omission de citer Tapie. Puis l'épisode de la composition de l'équipe amenée à disputer la finale. Certains détails sont réels comme la signature du contrat ou les pressions de Bernès.

temps que les zéros sur le chèque : à la une, la cellule familiale reconstituée, la femme et les enfants autour d'un déjeuner dans un lieu tenu secret. [...] Lorsque la grille s'ouvre, une Renault 21 sort en premier, vide, suivie d'une fourgonnette blanche, vide, d'une Clio grise, vide, et du véhicule de Me Lefebvre [...] Vide également. Eydelie s'est échappé. Il ne peut être que terré sur le plancher de la fourgonnette. [...] Après une chasse poursuite dans Valenciennes, deux photographes réussissent à la coincer dans une impasse. En vain, le policier en civil au volant est bien son seul occupant[1]. »

Je leur échappe. Personne ne gagnera d'oseille avec ma tronche sur une pellicule. Au volant du véhicule qui me conduit vers Christine, un flic du SRPJ. Il est chargé de ma sécurité. Un ordre donné par le juge Beffy. Il m'emmène dans une famille à Ronchin, près de Lille. Ma femme s'y trouve déjà. Elle a perdu dix kilos. Je me sens crasseux, je prends une douche. Les enfants sont chez mes parents, exemplaires dans cette épreuve. Je suis inquiet, tendu à l'extrême. Pourquoi suis-je là ? Pourquoi cette protection ? Beffy et de Montgolfier ont-ils peur de représailles ? Je respecte les directives et les conseils de la justice. Devant les médias, Patrick Lefebvre commente cet épisode de la manière suivante : « Jean-Jacques Eydelie est ravi et heureux d'avoir recouvré la liberté. »

Les paparazzi ne nous ont jamais retrouvés.

Suite à mon témoignage, l'avocat de Bernès monte au créneau. Jean-Louis Pelletier veut frapper fort. Marquer les esprits. « Mon client veut vite être

1. Antoine Casubolo, *L'Affaire OM-Valenciennes, histoire d'une corruption présumée*, Olivier Orban, 1994.

confronté à Jean-Jacques Eydelie. J'ignore quelles pressions ont pu être effectuées sur Jean-Jacques Eydelie, mais je sais que le juge lui a rendu une visite, qu'il est resté trois quarts d'heure avec lui, ce qui est inacceptable. Je vais demander le dessaisissement du TGI de Valenciennes. »

Ce même jour, Glassmann parle de moi. « Si Jean-Jacques doit passer à la trappe, cela se fera sans que ses patrons ne bougent. Je ne voudrais pas que seuls les lampistes paient[1]. »

Espérons que son vœu soit exaucé.

1. *France Football*, 13 juillet 1993.

20

Mitterrand, avocat de Tapie

14 juillet. Je suis libre. Placé sous contrôle judiciaire, mais libre. Enfin. Je reste attentif au moindre développement de l'affaire VA-OM. Devant ma télévision, j'assiste, incrédule, aux déclarations de François Mitterrand. Dans le cadre très officiel de l'Élysée, au cours de la traditionnelle allocution télévisée du 14 juillet, le président de la République défend Bernard Tapie.

Le chef de l'État s'en prend au procureur Éric de Montgolfier, coupable selon lui de trop parler aux médias.

— Il n'appartient pas au juge d'informer qui que ce soit pendant le temps de sa réflexion et de son étude. Une plus grande prudence serait nécessaire.

Il s'engage sur le fond de l'affaire.

— Je n'arrive pas à comprendre, comme citoyen, quel était l'intérêt de ce grand club que de se lancer dans une affaire aussi douteuse et aussi choquante pour rien.

Mitterrand salue, également, le travail de son ancien ministre à la tête du club phocéen. Il le protège au nom de la présomption de l'innocence.

— J'aime bien l'Olympique de Marseille, une grande équipe qui doit en effet beaucoup à Bernard Tapie. Comme président de l'OM, il semble qu'il a bien réussi. C'est une intelligence et une énergie. Alors pourquoi le mêler pour l'instant à cette affaire alors qu'à ma connaissance [...] le nom de Bernard Tapie n'a pas encore été prononcé dans les instruments de justice. Bernard Tapie, je le connaissais très peu avant que Pierre Bérégovoy ne me soumette son nom dans la liste de son gouvernement. Je l'ai accepté [...] et il s'est révélé un excellent ministre.

Présent dans les jardins de l'Élysée, Tapie croise le président de la République. L'image de leur poignée de main est diffusée dans tous les journaux.

Dès le lendemain, Éric de Montgolfier, visé par le discours du chef de l'État, est reçu par Philippe Léger, le directeur de cabinet du ministre de la Justice, Pierre Méhaignerie. Officiellement, le garde des Sceaux espère que le procureur de Valenciennes « revienne à un mode de communication plus habituel avec la presse. Je renouvelle ma confiance aux magistrats du siège et du parquet qui suivent la procédure ouverte sur la plainte du président de la Ligue française de football ». Tapie obtient une plus grande discrétion du magistrat. Il règne donc, de nouveau, sur son domaine de prédilection, la communication. Pascal Vanhelder, l'avocat de Christophe Robert, prend position pour le perdant du jour. « Certes, nous ne sommes pas habitués à ce genre de déclaration venant d'un procureur. Mais les dirigeants de l'OM sont habitués aux médias. L'affaire aurait peut-être été étouffée si l'on n'avait eu un procureur qui réagit de cette manière-là[1]. »

La presse analyse l'attitude de François Mitterrand de la manière suivante : « En s'en prenant aux juges, en se mouillant pour "son" ministre, en mettant tout son poids dans le cours de l'instruction, Mitterrand cherche à politiser au plus haut niveau une histoire qui aurait pu rester à la chronique des faits divers. Mettre en examen Bernard Tapie ? Cela équivaudrait presque, maintenant, à toucher au chef de l'État. Objectif : étouffer, voire enterrer l'affaire. En mettant l'opinion de son côté. Et en faisant peur. Aux magistrats. Mais aussi aux politiques : en période de cohabitation, l'ire présidentielle est une arme de dissuasion assez efficace.

» À Matignon, on a beau expliquer que cette affaire doit aller jusqu'au bout et que le Premier ministre, contrairement à Mitterrand, ne soutient pas Tapie, on navigue entre les écueils. Balladur n'aime pas provoquer inutilement Mitterrand. Sur ce "dossier" comme sur les autres. Le procureur Éric de Montgolfier, donc, se taira[2]. »

Et moi, Jean-Jacques Eydelie, simple joueur de foot, je me retrouve au milieu de tout cela. Les mots de Mitterrand lors de la présentation de la Coupe d'Europe à l'Élysée ne me quittent pas.

---

1. *L'Humanité*, 15 juillet 1993.
2. *L'Express*, 22 juillet 1993.

21
Face à face

21 juillet. Bernard Beffy réunit au sous-sol du palais de justice les trois joueurs valenciennois, Marie-Christine Robert, Jean-Pierre Bernès et moi. Avant la confrontation, Me Lefebvre, mon nouvel avocat, déclare à la presse : « Ça fait six déclarations *(avec celle de ma femme)* qui sont absolument concordantes et qui mettent en cause Jean-Pierre Bernès dans les termes les plus accablants. Si c'est un homme sain d'esprit – mais ça, j'en doute –, il devrait confirmer la version de mon client. »

Le bras droit de Tapie campe sur ses positions. Face à nous, il ne craque pas. Réfute l'évidence. Pour lui, c'est le club nordiste qui est à l'origine de la combine. Pas l'OM. Cette confrontation tourne à l'affrontement entre les coéquipiers de VA. Burruchaga attaque Glassmann.

— Dans un premier temps, il a accepté l'arrangement[1].

---

1. Extrait du procès-verbal de la confrontation du 21 juillet 1993.

L'avocat du couple Robert s'en prend, également, à Jacques. Comme le 9 juillet, lors de la première confrontation, Beffy n'y voit certainement pas plus clair. À la sortie, micros et caméras sont dirigés vers Jean-Louis Pelletier. L'avocat résume la position de Jean-Pierre Bernès.

— Il n'a pas varié d'un iota sur sa précédente version. Il a affirmé sa totale innocence des faits dont on l'accuse. Il a dit être totalement étranger à cette affaire.

Son client paraît être le seul gagnant du jour. Il est libéré le lendemain. Trois jours après, il trottine sur la pelouse du Vélodrome pour un tour d'honneur. C'est la reprise du championnat. Le stade est plein à craquer. L'enceinte du boulevard Michelet reste fidèle à sa formation et à Tapie. Les supporters dénoncent le complot des Parisiens, aidés par de nombreuses banderoles. « Fier d'être marseillais », « L'OM *per sempre* », « Touche pas à mon OM ! » De Montgolfier, Fournet-Fayard, Le Graët sont les cibles de cette bien étrange soirée dont Bernès est le héros. Il a tenu. Il n'a pas craqué. Les poings levés, ses bras forment le V de la victoire. Il salue le public. Il est acclamé tout au long de son pathétique parcours.

Devant ma télévision, je n'en reviens pas. Il disjoncte. Je ne peux m'empêcher de rire. Moins de vingt-quatre heures après, dans un communiqué, l'homme de confiance de Tapie annonce sa démission : « L'OM ne peut pas, tant que mon innocence n'aura pas été reconnue, rester l'otage de ceux qui, à travers ma personne, cherchent avant tout la destruction de notre club. »

Dans plusieurs interviews accordées par le président de la Ligue à la presse, ce dernier trouve tout cela « totalement indécent [...] un peu plus de discrétion aurait été nécessaire dans une affaire comme celle-là ».

22

À la recherche de Diego

Je me fais discret. Je n'accorde aucune interview. Je veux retrouver le calme. Par contre, personne ne m'oublie. Le Graët me donne une leçon : « Eydelie pouvait refuser. Lorsque l'on te propose d'acheter ton copain tu peux dire non ! S'il était venu tout de suite se confier à la Ligue, il serait sorti grandi de l'histoire, il aurait retrouvé un club dès le lendemain matin[1]. » L'incorruptible du foot tricolore, cet honnête homme, me montrera bientôt son véritable visage.

Le 28 août, je décolle pour Buenos Aires avec l'accord du juge Beffy. Ma famille reste en France. Bernard Tapie me met en relation avec Rafael Santos, un agent sud-américain. Il devient mon manager. Il bénéficie d'un excellent réseau en Argentine. Un contrat de trois ans m'attend à Boca Juniors. Le club où vient de signer Maradona, entraîné par l'ancien sélectionneur national, César Menotti. Loin de la France, je ne peux témoigner

1. *L'Humanité*, 5 août 1993.

devant les instances du football. Je loge à l'hôtel National. L'un des plus somptueux établissements de la ville.

Un soir, vers 3 heures du matin, Rafael Santos m'entraîne dans une boîte de nuit de la capitale argentine.

— J'ai une surprise pour toi.

Je traverse la piste de danse pour me rendre aux toilettes. Brusquement, j'ai un flash. Un visage familier repéré dans un groupe d'une trentaine de personnes. Est-ce mon imagination ? Une vision ? Est-ce bien réel ? Est-ce que je viens d'apercevoir Diego Armando Maradona ? Un mirage. Je m'arrête sur place. Dans une ville de douze millions d'habitants, avec une superficie cinq fois supérieure à celle de Paris, ce serait une chance incroyable. Je rejoins précipitamment mon nouvel agent. Il me confirme la présence de la star. Il ne semble ni surpris ni excité. Il avait tout préparé. Dans la journée, il avait appelé le manager historique du *Pibe de Oro*. Ensemble, ils étaient convenus de me présenter à ce joueur que j'admire tant, et dont je me sens proche. Du fait de ses excès, entre autres. Même si nous n'avons pas les mêmes. Je me retrouve dans ce genre de personnage. Pareil pour Bernard Pardo. En un sens, je les respecte. Pour ce qu'ils sont. Plus tard, leur exemple me servira pour ne pas sombrer.

Fièrement, Santos me provoque.

— Tu as vu ?

— Oui, bien sûr. J'ai vu.

Je ne peux détacher mon regard de ce joueur hors norme. Unique. Mon idole. À seulement quelques mètres. Celui qui a permis au foot de devenir un art. Il est là. Détendu. Souriant. Entouré d'une faune interlope et d'une vingtaine de filles magnifiques. Depuis son espace VIP, Maradona adresse un signe de la main dans ma direction. Santos me pousse.

— On y va. C'est pour toi. Il t'attend.

Je n'en reviens pas. Je m'assois à côté de lui. Il n'y a que nous sur la banquette. J'ose une question en espagnol.

— Tu sais exactement qui je suis ?

— Oui, mon manager m'a tout raconté. Il connaît bien Santos. Tu es champion d'Europe avec l'OM. Tu as battu Milan en finale. Tu es aussi celui qui a eu l'histoire avec Burruchaga. Quel *cono* ! Il est champion du monde et il tombe dans une histoire pour 250 000 francs. Ça me dégoûte. Faut vraiment être con.

Il se lève. Me prend dans ses bras et m'embrasse…

Il m'a parlé. Cela n'a duré que quelques instants mais il l'a fait. Il n'était pas obligé. Ça me suffit. Il a consacré quelques minutes à Jean-Jacques Eydelie. Qui est ce Eydelie pour Maradona ? Je ne suis rien du tout. Lui, il est tout. Il m'a accordé « une audience ». Simple, attentif. Cela ne me surprend pas. J'ai toujours imaginé qu'il était ainsi. Le mythe est conforté.

Je viens de connaître un intense moment de plaisir. Une pause au milieu de tous mes emmerdements. Le reste est oublié. Pour quelques minutes encore. Depuis notre arrivée en Argentine, je n'arrêtais pas de provoquer Rafael Santos.

— Tu es incapable de me faire rencontrer Maradona !

Il m'a fait mentir. Je lui en suis éternellement reconnaissant.

— Maintenant tu le connais et en plus tu vas jouer avec lui.

Effectivement, je dois m'engager avec Boca Juniors. Mais une décision de la FIFA mettra un terme à ce merveilleux projet. La FIFA décidera d'étendre ma suspension provisoire au monde entier. Quel que soit le pays, je suis interdit de terrains de foot. C'est une petite mort. Plus d'espoir. Plus de salaire. Il me reste Bernard Tapie.

Le 4 septembre, je suis attendu pour être auditionné avec les autres protagonistes de l'affaire devant la Commission supérieure juridique et de discipline de la Ligue. Pour me convaincre de m'y rendre, quelques jours plus tôt, Noël Le Graët et Jean Fournet-Fayard me joignent à Buenos Aires. Je ne sais pas comment ils ont obtenu le numéro de téléphone. Leur discours est sans équivoque. J'enregistre la communication. Ils ne sont jamais à bout d'arguments pour tenter de me faire revenir sur mes déclarations innocentant Tapie. Le discours de Fournet-Fayard est on ne peut plus explicite.

— Si tu enfonces Tapie, tu auras toutes les chances de rejouer au football. On atténuera ta sanction[1].

Ils n'ont même pas la finesse de cacher leurs intentions. Ainsi, ils me confirment que Tapie est bien la cible de toute cette affaire. Mais leur procédé est minable. Ils en savent cent fois plus que moi sur leur ennemi. Pourquoi serait-ce à moi d'apporter sur un plateau les arguments qui feront tomber mon propre patron ? Pourquoi n'assument-ils pas ? Je refuse leur deal.

Entendu par Bernard Beffy le 30 septembre, je lui parle de cette conversation enregistrée.

— Tenez monsieur le juge. J'aimerais plutôt que vous entendiez cette cassette.

---

1. Extrait du procès-verbal de mon audition par le juge Beffy du 30 septembre 1993.

— Je n'ai pas de magnétophone sous la main. Je m'en procurerai un pendant la pause déjeuner.

Retour dans son bureau après le repas. Et là, surprise ! La cassette est inaudible. Vraisemblablement, cela n'embête que moi. Le magistrat enchaîne sur autre chose.

Quand, un peu plus tard, j'informe le Boss de ce malencontreux « hasard », il décide de tendre un piège à Le Graët et Fournet-Fayard. Objectif : qu'ils réitèrent leur proposition émise lorsque je séjournais en Argentine. Je leur donne rendez-vous chez un avocat, un ami de Tapie, Jean-Luc Gauzère.

Les deux hommes adoptent le même discours. Ce qu'ils ne savent pas, c'est que la conversation est enregistrée. Évidemment, je repousse de nouveau leur offre. Il existe une copie de cet échange, que l'avocat conserve.

Vient le moment de m'expliquer devant le Conseil fédéral. La plus haute instance du foot tricolore, amateurs et professionnels confondus. Vingt-sept membres dont le pouvoir est immense. Les grands pontes. Les décideurs ultimes en cas de litige. Ces gens-là vont décider de mon sort. Fournet-Fayard et Le Graët appartiennent, bien entendu, à ce groupe. Ils sont là, face à moi. Le Conseil affiche complet. Pas un ne manque cette séance, cette représentation. Ils se trouvent au cœur de l'actualité. Dans la salle, ils attendent tous mes aveux. Ils ne désirent qu'une phrase de ma part. « Tapie est lié à VA-OM. » Ainsi, ils en auront fini avec l'homme qui ose défier leur autorité. Grâce à Eydelie, ils auront eu sa peau.

Quelques instants avant mon grand oral, mon état d'esprit est le suivant. Pourquoi ferais-je leur sale travail ? Ils ne peuvent pas ignorer les us et coutumes de leur sport, encore moins les pratiques du président de l'OM. S'ils veulent éliminer Tapie, qu'ils se salissent eux-mêmes les mains. Qu'ils ne se reposent pas sur moi. Le président Fournet-Fayard entre dans le vif du sujet. Il me questionne. Dès sa première interrogation, je prends l'initiative de resituer le débat.

— D'abord, monsieur Fournet-Fayard, vous devriez plutôt expliquer pourquoi vous m'avez appelé en Argentine pour me demander de balancer Tapie ? En contrepartie, vous m'offriez de rejouer très rapidement au football. Alors pourquoi ?

Je suis sur les nerfs mais ravi de mon petit effet. Je sens que j'ai mis le bordel. Je les regarde tous. Le maître de la FFF s'insurge.

— C'est quoi cette histoire ? Ce n'est pas vrai.

Je poursuis.

— Expliquez-vous, monsieur Fournet-Fayard. Monsieur Le Graët, vous étiez avec lui au téléphone.

Les lèvres du président de la Ligue restent bien serrées. Son homologue de la Fédération tente de faire face.

— Ce n'est pas le sujet de la discussion. Ce n'est pas la question posée.

Le fond de l'affaire n'est pas traité. Je m'en vais après les atermoiements de Jean Fournet-Fayard. Il ne veut pas reconnaître la véracité de son chantage… Et moi, je n'avoue rien sur Tapie.

Quelques jours plus tard, l'intégralité de la conversation est publiée dans le quotidien *Libération*[1]. J'en déduis que Tapie a alimenté les journalistes.

---

1. Me Soulier et Me Buffard, *Carton rouge*, Édition°1, 1994, p. 73.

23

Le déclin de l'empire olympien

Le 4 septembre, alors que je suis toujours en Argentine, des sanctions sportives sont attendues à l'encontre des protagonistes de VA-OM. À l'issue de son audition devant les instances du football hexagonal, Bernès s'adresse aux journalistes.

— Je me battrai jusqu'au bout pour l'honneur de Marseille, victime d'une machination. Eydelie, je ne lui en veux pas, le pauvre. On lui a fait des promesses. Il a craqué, il a dit n'importe quoi.

Cette journée se termine de façon assez étrange. La Ligue nationale sursoit à statuer, par manque d'informations. Les dirigeants du foot professionnel ne veulent pas se mouiller. Ils préfèrent attendre l'avancée de l'enquête judiciaire. Lors d'une conférence de presse, Noël Le Graët se justifie : « On ne peut pas aller plus vite que la justice. Nous sommes dans une société de droit et nous devons attendre que la justice, qui fait bien son travail et sans agressivité, aille au terme de cette affaire. Nous sanctionnerons le moment venu – et sans aucun état d'âme –

avec les règlements à notre disposition. Ma conviction est faite depuis longtemps sur cette affaire. Je savais déjà, le jour de la finale de Munich, que l'affaire allait éclater. Punir, c'est facile, mais le plus important est que ce genre d'affaires ne se reproduise plus et que des joueurs un peu fragiles ne soient plus tentés à l'avenir. En décidant de porter cette affaire devant la justice, la Ligue a pris ses responsabilités. »

Le Graët préfère botter en touche malgré les directives reçues des instances européennes. Du coup, l'OM peut participer à la Coupe d'Europe. Mais ce manque de fermeté et d'engagement agace les autorités européenne et mondiale. Elles lancent un ultimatum aux dirigeants français. Avant le 23 septembre, l'OM et les joueurs ayant participé à cette présumée tentative de corruption doivent être sanctionnés. La France se bat alors pour obtenir l'organisation de la Coupe du monde 1998. Vu l'ampleur que prend cette affaire, le Mondial sur le sol français pourrait être rapidement compromis. Les enjeux économiques sont colossaux. Depuis Zurich, le secrétaire général de la FIFA, Sepp Blatter, se veut intransigeant : « S'il s'avère que Jean-Jacques Eydelie a agi sur mandat du directeur général de l'OM, Jean-Pierre Bernès, le couperet tombera aussitôt. Et plus vite qu'on ne peut le penser. Bernard Tapie est un homme rusé. Mais je connais des présidents de clubs dont la ligne de conduite est plus droite. »

Le 6 septembre, l'UEFA exclut l'OM de l'édition 1993-1994 de la Coupe des clubs champions. Marseille ne défendra pas son titre. Monaco, entraîné par Arsène Wenger, nous remplace. Le communiqué expliquant cette décision est un véritable camouflet pour Le Graët et Fournet-Fayard : « L'Union européenne du football estime que les principaux résultats de l'enquête du juge d'instruction en France, désormais connus du public, démontrent que des irrégularités ont été commises en liaison avec le match en question (déclaration des joueurs concernés). Le comité a considéré que cette affaire, qui dure depuis plus de trois mois et sur laquelle les autorités du football français n'ont pris aucune décision concernant les compétitions sportives, portait un préjudice croissant au football et qu'un délai supplémentaire nuirait directement aux compétitions internationales. Considérant les faits ci-dessus, le comité a décidé, en vertu de l'article 6 paragraphe 1 en liaison avec l'article 28 des statuts de l'UEFA, de rejeter la demande de participation de l'Olympique de Marseille à la Coupe d'Europe des clubs champions comme mesure préventive afin de protéger la régularité des compétitions européennes pour les clubs. »

Tapie ne peut admettre cette sanction. Il présente le dossier devant un tribunal de Berne, en Suisse. Celui-ci donne raison à l'homme d'affaires et suspend la décision des dirigeants continentaux.

Tous ces développements mettent de côté l'instruction menée par le parquet de Valenciennes. De Montgolfier rectifie ce sentiment. « Le dossier n'est ni classé ni bouclé. Le procès pourrait avoir lieu en 1994, à Valenciennes, où les charges seront examinées publiquement. J'ai toujours dit qu'aucun volet du dossier ne sera négligé. Lorsqu'il arrivera devant la juridiction, tout aura été étudié, la corruption, la subornation de témoin et la contre-corruption, c'est-à-dire ce qui s'est passé du côté de l'USVA[1]. »

---

1. Interview publiée dans *Le Provençal*, 8 septembre 1993.

De son côté, Tapie jubile grâce à la décision de la justice helvétique. Les supporters respirent et lui réservent un triomphe devant le Vélodrome.

La plus haute instance mondiale du foot, la FIFA, ne peut admettre cette situation. Elle menace la Fédération française de football. Soit l'OM retire sa plainte, soit le football français est privé de toute compétition internationale.

Sur TF1, le 9 septembre, Tapie claironne qu'il ne retirera pas sa requête devant la justice suisse. Le lendemain, il est le centre du monde. Selon lui, même Mitterrand le joint au lever du jour pour l'inciter à faire marche arrière. Avant d'annoncer sa décision, Tapie exige de discuter au téléphone avec le secrétaire général de la FIFA, Sepp Blatter, qui se plie à l'exigence du Boss. À l'issue de cette conversation, le président marseillais annonce qu'il retire sa plainte.

Le 22 septembre, à la veille du terme de l'ultimatum fixé aux instances françaises, le Conseil fédéral de la FFF cède aux exigences de la Fédération internationale. Il décide de retirer à l'OM son titre de champion de France 1993. Burruchaga, Robert et moi ne pouvons plus exercer notre métier jusqu'à nouvel ordre. Il est précisé que les instances françaises du ballon rond peuvent modifier cette décision à tout moment. Au cas où je plante Tapie, peut-être ? Bernès, pour une durée indéterminée, n'obtiendra plus de licence pour exercer dans un club.

Le foot français est sauvé. Pas l'OM. Pas nous.

24
Subornation de témoin ?

17 septembre 1993. Je reviens d'Argentine. À l'aéroport de Bruxelles, surprise. À notre descente d'avion, un homme tient un écriteau indiquant le nom de « Santos ». Nous n'avions pourtant rendez-vous avec personne. Il ne se présente pas. Et, à part cette phrase, il ne dira quasiment pas un mot pendant toute la durée du trajet.

— Bernard Tapie m'a demandé de venir vous récupérer pour vous conduire chez lui.

Je suis curieux de savoir ce que Tapie a à me dire, ou à me donner.

Le « silencieux » nous fait monter dans une Mercedes de couleur sombre. Peu avant minuit, le véhicule s'engouffre dans la cour de la rue des Saints-Pères.

Une collation nous attend. Salade et fromage. Une bouteille de rouge. Certainement pas la meilleure du maître des lieux. La présence de sa femme m'étonne.

Tapie me donne une nouvelle directive.

— Tu dois revenir sur tes aveux du 12 juillet. T'as qu'à expliquer que tu voulais sortir de prison et que tu as dit ce que le juge voulait entendre. Tu expliques que tu étais sous pression, que ta femme était en garde à vue, tu as avoué n'importe quoi.

Il souhaite que je revienne à la première version donnée à Beffy. C'est-à-dire : « Cette histoire de corruption a été inventée de toutes pièces. Il ne s'est jamais rien passé à Valenciennes. » Pas forcément pour innocenter Bernès. Plus pour brouiller les pistes. Créer un énième rebondissement. Ma réponse est immédiate.

— Non, je ne modifie rien.

Je lui tiens tête. Comme à Munich. Je ne le crois plus. Je suis à bout. Je veux du concret.

— Je suis là pour prendre ce que vous me devez.

Je dis peu de mots. Regard sombre. La fatigue des vingt-deux heures de vol pèse également. L'atmosphère est glaciale.

Sa femme intervient.

— Tu n'as pas compris, Bernard ? Ce qu'il veut, M. Eydelie, c'est son argent.

Il incline la tête. Il acquiesce.

Santos prend le relais.

— Tu ne te rends pas compte. Depuis le temps que tu lui promets des choses, il n'a toujours rien.

Tapie me sort alors deux feuilles. Des traites de son holding avec des versements trimestriels de 500 000 francs étalés sur plusieurs mois, pour un montant total de 15 millions de francs, soit l'équivalent du contrat de cinq ans qu'il m'avait promis.

Je ne dis rien. Je prends ces documents. Je me tire.

À mon insu, un photographe immortalise ma venue rue des Saints-Pères. Planqué dans l'hôtel face au domicile des Tapie, il shoote, puis transmet ses clichés au juge Beffy. À l'hôtel, je passe un coup de fil à un ami, un fiscaliste. Je lui lis les feuilles récupérées chez Tapie. Il m'affirme qu'elles ne valent rien. Elles n'indiquent aucun engagement financier. Je me suis fait avoir. Le lendemain, dès 8 heures, je rends à Maria les papiers de son employeur.

Dans l'heure qui suit, Santos reçoit un appel de Tapie.

— Tout est réglé, qu'il se rende chez Me Francis Szpiner.

Tapie semble avoir compris mon exaspération. Arrivé chez ce ténor du barreau de Paris, je lui réclame mon argent, puisque tout est censé avoir été arrangé.

— Je ne l'ai pas.

Je craque. Je l'insulte, je suis à deux doigts de le frapper. Apeuré, il trouve refuge sous son bureau. Mon manager me ramène à la raison. Remis de ses émotions, de sa voix grave et pour une fois chevrotante, Szpiner se justifie comme il le peut.

Pour moi, ça ne se passera pas comme ça...

Le 30 septembre, je suis de nouveau dans le cabinet du juge Beffy. Il tente d'éclaircir la raison de ma visite au domicile des Tapie. Il espère mettre au jour une nouvelle subornation de témoin.

— C'est quoi ces photos ?

— Il voulait que je revienne sur mes aveux. J'ai refusé. Il me propose 15 millions de francs pour rejouer à l'OM, une fois tout ça terminé[1].

C'est une première. J'expose au juge ce qui s'est réellement passé. Ainsi, je lance un avertissement à Tapie. Il doit tenir ses promesses. Me respecter, enfin. Suite à ma déposition, un réquisitoire supplétif contre

---

1. Extrait du procès-verbal de mon audition du 30 septembre 1993.

X est ouvert. Il concerne la tentative de subornation de témoin dont j'ai été l'objet.

La réaction du Boss ne tarde pas. L'un de ses proches me téléphone.

— Attention, ça risque de sentir la merde pour toi. Tu ne dois plus répéter tout ça.

Seize jours plus tard, le magistrat interroge le couple Tapie sur ce sujet. Il nie ce qu'on lui reproche.

— C'est Santos qui voulait que je le rencontre. J'ai juste dit à Eydelie que, s'il n'y avait pas eu corruption, alors je le reprenais à l'OM. En cas de corruption, je lui ai précisé qu'il pouvait s'asseoir sur sa licence[1].

Le 29 mars 1994, lors d'une confrontation, Beffy nous entendra, Bernard Tapie et moi, sur cette rencontre du 17 septembre 1993. Il s'attend, sans doute, à ce que je réitère mes accusations contre le Boss. Il n'en est rien. Je contre-attaque. Contrairement aux attentes du magistrat, je blanchis Tapie.

— Il ne m'a jamais demandé de changer ma version. Honnêtement, je ne peux pas dire qu'il a cherché à acheter ma version. Mais je crois qu'il vous arrive de reformuler mes déclarations sans que cela corresponde exactement à ce que j'ai voulu dire.

D'accord, je suis de mauvaise foi. Mais je n'ai pas de cadeaux à faire à la justice. Je poursuis.

— Il n'y a pas de pressions de la part de Tapie. Par contre, il en existe avec vous et avec MM. Le Graët et Fournet-Fayard[2]. Ce dernier m'a dit que le

1. Extrait du procès-verbal de l'audition de Bernard Tapie du 19 octobre 1993.

2. À ce moment-là, Jean Fournet-Fayard, qui a quitté ses fonctions le 29 décembre 1993, n'est plus président de la Fédération française de football.

problème, c'était Tapie. Vous m'aviez promis, tous les trois, de récupérer au plus vite ma licence si je disais des choses sur Tapie.

Le juge rétorque.

— Je n'ai pas pu vous promettre cela puisque votre suspension et toutes les décisions sportives ne dépendent que des instances sportives[1].

Depuis le début de cette affaire, je n'ai pas été ménagé. La prison, la garde à vue de Christine, le chantage des dirigeants hexagonaux... Et maintenant le volet Primorac. Bernard Beffy m'auditionne dans le cadre de la subornation de Boro Primorac.

— Nous avons retrouvé une quinzaine de vos empreintes au domicile de André-Noël Filippeddu[2].

Là, je craque. Vraiment

— Je n'ai jamais mis les pieds chez ce type. Vous êtes vraiment un enfoiré ! Je n'ai rien à voir là-dedans !

Le juge ne m'économise aucune épreuve supplémentaire. Je passe devant le photographe, comme dans les films. De face. Profil droit. Profil gauche. Sans omettre la plaque avec un numéro que je dois porter. Je suis un gangster. Plus de doute... Cet homme me provoque.

— Ce serait tellement plus simple pour vous de ne plus nier l'évidence.

— Occupez-vous de votre travail et laissez-moi !

---

1. Extraits du procès-verbal de mon audition du 29 mars 1994.
2. André-Noël Filippeddu, restaurateur à Bonifacio et proche de Fratani, est l'intermédiaire entre Boro Primorac et Bernard Tapie. Il a déjeuné avec l'entraîneur bosniaque au Fouquet's avant de l'accompagner dans les bureaux de Bernard Tapie Finance le 17 juin 1993.

Trois jours plus tard, les résultats des tests sont évidemment négatifs. Aucune empreinte ne correspond aux miennes.

Après trois heures de confrontation face à Tapie ce 29 mars, mon avocat surprend les journalistes. Je disculpe l'ancien ministre.

— M. Eydelie a déclaré que Bernard Tapie ne lui a, à aucun moment, demandé de changer sa version du 12 juillet 1993. En définitive, ses propos ont été mal interprétés par la justice.

25
En cavale

De ma sortie de prison jusqu'au début du procès, je suis recherché par tous les journalistes. Le domicile de mes parents à Angoulême et ceux de mes proches sont la cible des photographes, des équipes de télévision. Rien ne les stoppe. Avec ma femme et mes deux fils, nous entamons notre fuite. Nous changeons régulièrement de lieu de résidence. Nous coupons les ponts avec nos familles respectives. Une façon de les protéger de la « meute », selon le terme employé par Éric de Montgolfier. Je coupe toute relation avec l'extérieur. Même mes parents sont sans nouvelles de moi. Je veux les préserver tant que tout n'est pas réglé. Je suis cloîtré. Introuvable. Sauf pour Tapie. Plusieurs proches du président phocéen se relaient au téléphone pour m'assurer que leur ami tiendra ses promesses. Parmi eux, un journaliste de Radio France Provence. Durant mon séjour en prison, ils agissaient déjà ainsi avec ma femme et mes parents. Ils me tiennent « au chaud ». Ils s'assurent que je ne flancherai pas, que je ne balancerai donc pas Tapie.

Comme je n'ai plus aucune source de revenus, l'ancien ministre subvient à mes besoins. Le président de l'OM me permet de manger, de dormir sous un toit. Son attaché parlementaire, Marc Fratani, sert d'intermédiaire. J'appelle son factotum dès que j'ai besoin de liquidités. Fratani me fixe alors rendez-vous pour me verser de l'argent. Deux rencontres. Nous nous voyons une fois à l'hôtel Mercure de Bordeaux, l'autre devant le siège de BTF, à Paris. En tout, il me remet 250 000 francs. Une autre fois, je rallie depuis Angoulême l'aéroport de Bruxelles, en Belgique. En Austin mini. Là, c'est l'agent de joueurs Luciano d'Onofrio qui me donne la même somme.

Avec Christine et les enfants, nous nous cachons dans la forêt charentaise, à Palluaud. Puis, dans un château près de Saint-Gaudens. Fratani paie directement les loyers au propriétaire. Nous nous installons ensuite à Ciboure, près de Saint-Jean-de-Luz, dans le Pays basque. Notre maison est cambriolée. Les bijoux, appareil photo, magnétoscope, lecteur CD, télévision... tout disparaît. Nous sommes « noirs ». Définitivement. Johan n'est plus scolarisé. Ma femme devient, par la force des événements, son institutrice.

10 février 1994. Bernard Tapie est mis en examen pour « complicité de corruption et subornation de témoin[1] ». Aux yeux de la justice, Bernès n'est donc plus le seul responsable.

Six semaines plus tard, le 26 mars 1994, Tapie est de nouveau mis en examen pour « abus de confiance, abus de biens sociaux, faux, usages et recels » dans le

1. Le juge modifiera ensuite le chef de mise en examen en corruption active, faisant de Tapie l'accusé numéro 1.

cadre des comptes de l'OM. Le dossier totalise treize autres prévenus : agents, dirigeants du club dont Michel Hidalgo et Jean-Pierre Bernès, entraîneurs...

De leur côté, les instances du foot accumulent les sanctions contre Marseille. Le 22 avril 1994, le couperet tombe. Le Conseil fédéral de la FFF intervient et sanctionne lourdement le club. L'OM est rétrogradé en deuxième division. Plus terrible encore, le titre de 1993 n'est pas homologué. Le Graët commente cette sanction d'une extrême sévérité au cours d'un point presse. « Pensez-vous qu'il y a eu tentative de corruption ou pas ? Les vingt-sept membres du Conseil fédéral ont répondu oui. Les sanctions coulaient d'elles-mêmes après. [...] Nous avons montré, à ceux qui ne veulent pas respecter nos règles sportives, qu'ils ne s'en sortiront plus. Il n'y a aucun président de club de D1 qui crie au scandale, aucun entraîneur, aucun joueur, personne. La famille du football a pris une sanction sportive. Il faut la laisser à ce niveau. Il est certain que les déclarations de Jean-Jacques Eydelie et Christophe Robert ont très certainement influencé. [...] Il fallait sanctionner. Aujourd'hui, on rétrograde un club qui a des difficultés financières. Pour une affaire de corruption, on ne peut prendre une autre décision. »

Tapie n'apparaît pourtant pas abattu. Il se positionne, à l'instar de son club, en victime. « Tant que j'aurai un souffle d'air, un battement de cœur, je mobiliserai toutes les énergies de ceux qui aiment l'OM pour gagner une Coupe d'Europe l'an prochain et renvoyer ses fossoyeurs au jugement de tous les amoureux du sport. Les dirigeants du football français ont ainsi une nouvelle fois témoigné de leur acharnement contre un club qui a eu, semble-t-il, le grand tort de donner au football français son seul titre de champion d'Europe des clubs[1]. »

Le 1er juillet, le juge Beffy clôt son instruction.

En août 1994, je rencontre Arsène Wenger. Depuis quelques semaines, il n'est plus l'entraîneur de l'AS Monaco. Dans quelques jours, il s'envolera pour le Japon. Le club de Nagoya Grampus Eight, soutenu par Toyota, vient de l'engager. Le football est en plein essor dans ce pays où le premier match du premier championnat professionnel a eu lieu en mai 1993, quatre jours avant VA-OM.

Si ma réputation était celle d'un habitué des magouilles, il ne m'aurait jamais accordé cette entrevue. Malgré mon erreur, je reste crédible à ses yeux, bien que l'ancien Monégasque n'apprécie pas le personnage Tapie. Souvent, en privé, il l'accuse d'acheter certains joueurs de la Principauté. Pour « éliminer » Tapie, Wenger est même intervenu, indirectement, dans l'instruction de VA-OM. Plus précisément dans le dossier de subornation de témoin concernant Boro Primorac. Arsène Wenger a été entendu à ce sujet par le juge Beffy.

Le technicien explique la raison de son audition. « Primorac m'a appelé dès qu'il a rencontré le juge. C'est certainement à ce moment qu'il a été le plus ébranlé parce qu'il se trouvait en contact direct avec cette affaire. Il n'avait pas peur, c'est quelqu'un de courageux. [...] Depuis le début, je lui dit de dire la vérité, c'est ce qu'il fait[1]. »

1. *L'Humanité*, 25 avril 1994.
2. Interview parue dans *Libération*, 21 juillet 1993.

Nous avons rendez-vous à quelques pas des Champs-Élysées. Cadre extrêmement chic du restaurant Le Senso, abrité dans le luxueux hôtel de la Trémoille. Il est installé, seul, à une table. Son discours est séduisant.

— Je veux te sortir de la merde. Je vais t'emmener avec moi à Nagoya. Tu vas jouer au milieu de terrain avec Franck Durix et Gérald Passi. Je te propose un contrat de trois ans à 500 000 francs par mois.

Je suis surpris. Tout est prévu. Même les conditions financières. Un challenge comme je les aime. Pour renaître au football. Oublier VA-OM. Au moins jusqu'au procès.

Sur une feuille, il griffonne des schémas de jeu, détaille mon rôle, justifie ma complémentarité avec les deux autres joueurs issus du championnat de France. Je suis enchanté. Tous les quatre, nous serons les précurseurs. Les premiers Français à entraîner et à jouer au pays du Soleil levant.

La conversation s'achève et je le quitte plein d'espoir. Dans le salon de l'hôtel, je croise Durix et Passi. Nous évoquons avec plaisir et enthousiasme notre future destination. L'agent Milan Calassan déambule. Des Japonais, représentant la direction du club, sont également présents.

Par la suite, je ne reverrai plus jamais Arsène Wenger. Comme prévu, il prend ses fonctions à Nagoya. Dans ses valises, il emmène, également, un adjoint, Boro Primorac[1]. Dans son équipe figurent Durix et Passi. Pas Eydelie.

1. En 2006, à Arsenal, Primorac est toujours l'adjoint de Wenger.

Est-ce pour ne pas avoir enfoncé Tapie que Wenger ne m'a pas pris ? Ai-je été maladroit au cours de l'entretien ? Ou est-ce les Japonais qui ont eu peur d'engager un jouer impliqué dans une affaire judiciaire ? Je ne le sais toujours pas.

Le 11 décembre 1994. La Fédération radie à vie Jean-Pierre Bernès[1]. Tapie ne peut plus exercer de fonction officielle dans le foot pendant deux ans. Il quitte simultanément la présidence de l'OM.

L'année 1995 est synonyme d'espoirs. Le 1er janvier marque la fin de ma sanction sportive, après dix-huit mois d'interdiction de jouer. Si un club désire m'engager, il le peut.

6 mars 1995. Le livre tant attendu de Jean-Pierre Bernès est en librairie. *Je dis tout. Les secrets de l'OM sous Tapie*[2]. C'est accrocheur. Dans cette auto-plaidoirie, il me charge. Il me massacre. Hallucinant. Il réécrit l'histoire. « [...] Jean-Jacques Eydelie [...] m'a laissé entendre qu'il y avait une possibilité d'arranger le match que nous devions jouer à Valenciennes. [...] J'ai refoulé Eydelie et ses combines idiotes, trop violemment sans doute car je l'ai payé cher. Il faut savoir qu'Eydelie n'est pas un modèle chez les joueurs professionnels. [...] Le jour du match, Eydelie est venu me voir en disant :

1. Cette sanction sera commuée en 1999. Bernès deviendra agent de joueurs. A-t-il accepté le deal que j'ai refusé avec les instances nationales du foot français ?
2. Albin Michel.

— Ce dont je t'avais parlé, ça ne marche plus. Glassmann n'est plus d'accord. Il a changé d'avis dans la nuit.

À ce moment-là, j'ai cru que le Novotel de Valenciennes s'écroulait sur ma tête. Bon sang, il l'avait fait ! »

Aucun commentaire. À la lecture de cet ouvrage, je sens que je ne suis pas l'unique cible de Bernès. En tout cas pas la principale.

« Je ne suis plus décidé à endosser, par mon silence, une responsabilité qui ne m'incombe pas. Au procès, quand tout le monde sera là, on ne pourra plus jouer à faire pression sur les uns et sur les autres. »

L'ancien directeur général est remonté. Contre moi ? C'est certain. Mais contre Tapie aussi. Avec des sous-entendus menaçants. Son état d'esprit est vindicatif. Je pressens que ce sera très chaud, dans un peu plus de deux mois, au tribunal correctionnel de Valenciennes.

Tapie profite de la levée de mon interdiction d'exercer, pour me témoigner de l'attention. Il me prouve qu'il ne m'abandonne pas. Comme un rappel pour que j'assure toujours sa « protection » lors du procès. En février, l'un de ses proches, l'agent Luciano d'Onofrio[1], me trouve un club au Portugal. Le célèbre Benfica Lisbonne. Récompense pour services rendus, j'imagine. Je perçois un bon salaire de 50 000 francs par mois. Je suis logé à l'hôtel et dispose d'une voiture du club mise à ma disposition.

1. Luciano d'Onofrio est mis en examen dans l'affaire des comptes de l'OM, jugée au tribunal correctionnel de Marseille, à compter du 13 mars 2006.

Mais je ne participe qu'aux entraînements, pas aux matches. Il y a trop d'étrangers dans l'effectif et je ne peux être aligné[1].

1. À cette époque, l'arrêt Bosman n'existe pas encore. Il date du 15 décembre 1995. Cet arrêt met un terme aux quotas de nationalités pour les joueurs nés dans l'Union européenne. Un club peu donc engager autant d'Européens qu'il le souhaite.

26

J-1 du procès

12 mars 1995. Paris. Un hôtel proche de la gare Montparnasse. Avec Christine, nous attendons un signe de Tapie. Il souhaite me voir. Une dernière fois avant le procès. Il s'ouvre dans quarante-huit heures. À défaut d'une entrevue, c'est un coup de fil. Sa femme, Dominique, est au téléphone.

— Il y a 500 000 francs en liquide sur la table devant moi. Venez les chercher.

— Allez vous faire voir. Vous vous foutez de ma gueule. Ce n'est pas ce que l'on m'a promis. Moi, j'ai tenu mes engagements. À votre mari de tenir les siens. Vous les gardez ces 500 000. Rendez-vous au procès.

L'accueil réservé à l'appel de son épouse doit inquiéter le député. Mon attitude rebelle l'amène certainement à douter de mon soutien indéfectible. Le téléphone sonne de nouveau. C'est Marc Fratani.

— Tapie doit absolument te voir.

Rendez-vous est pris le lendemain. À vingt-quatre heures du procès. À la mi-journée, l'attaché parlementaire de l'ancien président olympien passe nous prendre en voiture. Dans un premier temps, j'ai du mal à le reconnaître. Fratani s'est entiché d'une fausse moustache et d'une paire de lunettes.

— Qu'est-ce tu fous avec ça ?

— C'est pour plus de discrétion, pour qu'on ne me reconnaisse pas.

Je n'en reviens pas. Le ridicule de la mise en scène permet, au moins, de détendre l'atmosphère. Nous rejoignons Tapie en plein cœur de la capitale. Christine reste dans la voiture. Elle refuse de descendre. Elle ne veut plus voir cet homme, plus entendre ses fausses promesses. Je ne l'avais plus rencontré directement depuis mon retour d'Argentine. Seul, je suis face à lui. Il est entouré de trois avocats.

Nouvelle consigne.

— Demain, commence le procès. Je compte sur toi. Reviens sur ta déposition. Tu dois expliquer que cette histoire n'a jamais eu lieu, que tu as balancé Bernès parce que tu voulais sortir de prison. Tu as avoué ce que le juge voulait entendre. Il n'y a jamais eu de match acheté.

L'ancien ministre est dans un état que je ne lui connaissais pas. Son comportement m'interpelle. Surprenant. Pour la première fois, il boit de l'alcool devant moi. Il enchaîne les verres de whisky. Manque de sérénité ? Ma réponse ne le rassurera pas. Je suis excédé.

— Il est hors de question que je revienne sur ma déposition.

— Si tu ne dis rien sur moi, si tu ne me mets pas en cause, je te promets que tu toucheras un million de francs par saison, jusqu'à la fin de ta carrière professionnelle.

Je suis dubitatif. Dois-je croire en cette énième promesse ? Il s'adresse à Fratani.

— Va chercher Mme Eydelie. Je veux confirmer tout cela devant elle.

Toujours dans la voiture, Christine refuse de monter. Après plusieurs minutes, je prends la succession du factotum de Tapie.

— Viens, M. Tapie veut nous dire des choses. Il te veut comme témoin.

J'arrive à la convaincre. Devant Christine, il renouvelle son engagement.

— Votre mari a été irréprochable. S'il continue comme cela, vous aurez un million de francs par année jusqu'à la fin de sa carrière.

J'interviens.

— Quand tiendrez-vous vos promesses ?

— Une fois le procès terminé.

Cette réponse du Boss est révélatrice. Il n'a pas confiance en moi. Il n'est pas convaincu que je lui resterai fidèle jusqu'au point final de cette affaire.

Pour clore cette entrevue, je lui pose une question. Précise, significative.

— Lorsque nous nous sommes vus dans votre bureau avenue de Friedland, avant que je me rende chez le juge Beffy pour la première fois, tous les gens présents étaient-ils vos amis ?

— Oui. Absolument. Il n'y a pas de problème avec eux.

Cette conviction, Tapie la paiera cher. Lui qui jauge si bien les personnalités, les caractères. Lui qui manipule si bien l'humain a commis une erreur d'appréciation. Sur un homme. Celui qui accélérera sa mise en détention. Sa chute. Bernès.

Fratani nous reconduit à notre hôtel. Nous gagnons Lille en début de soirée. Comme lors de ma sortie de prison, nous retrouvons notre abri de Ronchin. Chez Marie et Jean-Marc, nous nous sentons en sécurité. Loin de toute l'agitation. Dans leur maison, nous sommes protégés. Ils sont adorables avec nous. Durant cette pénible étape du procès, leur soutien et leur réconfort sont un bien précieux pour Christine. Elle ne m'accompagne pas à Valenciennes. Malgré sa volonté d'assister aux audiences pour me soutenir. Je ne veux toujours pas qu'elle soit exposée. Chaque soir, je la retrouve à Ronchin. C'est Jean-Marc qui me conduit devant mes juges.

27

La grande explication

13 mars 1995. Retour à Valenciennes. Pour la première fois depuis ma sortie de prison, je remets les pieds dans cette ville maudite. Près de deux ans viennent de s'écouler entre le match et le procès. Je n'appréhende pas ce rendez-vous. Le pire est déjà derrière moi. À la une de tous les journaux, bien entendu, VA-OM. Dans la presse, Jacques Glassmann, le détonateur, revient sur son attitude et les heures qui l'attendent : « Après tout, je ne suis qu'un témoin, je ne suis pas l'accusé. J'ai hâte qu'on en finisse. Évidemment, il y aura des moments difficiles, parce qu'il y a des gens que je n'ai pas envie de voir : nous ne vivons pas dans le même monde. Je n'ai aucun regret. Le foot est un jeu… mais il se joue avec des hommes de toute sorte. Je ne suis pas tombé des nues. Je ne suis pas si naïf. Dans le métier, nous savons tous qu'il se passe des trucs pas nets dans le foot pro. Des arrangements entre clubs, etc. Que ce soit ici ou ailleurs en Europe et dans le monde. Mais c'est la première fois que je suis confronté à une sollicitation frauduleuse. Je le répète : c'est comme ça et

je ne regrette rien. Au contraire, moi je suis clair, net. Je n'ai jamais changé mes déclarations depuis le début de l'affaire et dans cent ans je dirai toujours la même chose[1] ! »

Les alentours du palais de justice sont très animés. Une foule assez dense patiente. Les curieux. Un dispositif de sécurité impressionnant a été mis en place. Les journalistes sont agglutinés. Jamais plus je n'en verrai autant au mètre carré. Les camions de télévision stationnent pour assurer les directs. Je sentais que la médiatisation atteindrait un sommet. Mais pas à ce point. « Prenez vos places. Cent francs pour la salle d'audience. Cinquante francs pour la salle annexe. Dépêchez-vous, c'est bientôt complet. » Ce jour-là, un homme aurait pu vendre les places à la criée, comme le poisson sur le Vieux-Port. Ou comme les tickets aux abords du Vélodrome, les soirs de fête. Ils auraient atteint des prix vertigineux. Le spectacle peut commencer. Il ne manque que la fanfare et les stands de beignets, barbe à papa, objets souvenirs… Tout me semble organisé pour que ce procès soit la piste aux étoiles. Comme si nous étions revenus à l'ancien temps. Le grand cirque médiatico-judiciaire va pouvoir commencer.

La justice a bien préparé sa mise en valeur. Elle installe ses bureaux face aux médias. Après le secret de l'instruction bafoué, voici le procès en *live*. Rarement l'opinion publique s'est retrouvée ainsi aux premières loges. Sur cet aspect-là, je ne comprends pas Éric de Montgolfier. Est-ce pour nous mettre une pression supplémentaire ?

---

1. *L'Humanité*, 13 mars 1995.

Peu importe. Ce procès, je n'en ai pas peur. Au fond de moi, je sais que je ne craquerai pas. Vingt-deux mois depuis le début de l'affaire. Vingt-deux mois à soutenir, à innocenter Tapie. La dernière ligne droite s'avance. Tout cela ne me déstabilise pas. Rien ne me semble normal, mais c'est tout.

D'un côté, la salle d'audience. Pleine à craquer. De l'autre, une pièce où l'on peut suivre les débats sur grand écran, en direct et en intégralité. Et, lorsque je demande à mon avocat qu'il n'y ait aucun journaliste lors des audiences, il me rit au nez. Ce procès va donner à chacun ses quelques heures de gloire. Tout le monde se sert de nous, les prévenus, pour se mettre en valeur. Je suis choqué.

Je suis un des premiers prévenus à arriver. Je me faufile au milieu d'un cordon de gendarmes. À mon passage, caméras et photographes se pressent autour de moi. À l'intérieur, Christophe Robert est déjà là. Il souhaite amorcer la conversation. Comme s'il ne s'était rien passé.

— Tes enfants vont bien ?

— Ça va.

La discussion s'arrête là. Aucune envie d'échanger avec lui. Tapie arrive, nous nous serrons la main. Aucun autre échange verbal entre nous. Sur le banc des prévenus, je suis assis à sa gauche. De l'autre côté, Bernès et le couple Robert.

Christophe Robert est le premier à s'exprimer à la barre. Il confirme mon appel et la présence de Bernès à mon côté. Il raconte qu'il a transmis l'information à Burruchaga et Glassmann. Il détaille.

— 250 000 francs étaient prévus pour chacun de nous. Après coup, on a dit qu'on arrêtait l'affaire et qu'on ne révélerait rien. J'ai appelé Eydelie pour lui annoncer qu'on jouerait le match normalement.

Tapie intervient. Brouille les pistes. Perturbe l'audience. À ce moment-là, l'ancien ministre aborde un aspect peu médiatisé du dossier.

— Les dirigeants de Valenciennes ont demandé à leurs joueurs de signer un document afin d'attester la tentative de corruption. Un document censé leur permettre de négocier avec nous l'issue de ce match.

La contre-corruption. Le président Langlade n'y prête pas attention. Lui aussi doit s'imposer. Il doit affirmer son autorité. Il lui lance alors cette phrase.

— J'envisage l'expulsion.

Je regarde mon ex-président. Il semble satisfait de sa provocation. Lui aussi délimite son territoire. Il ne restera pas silencieux. Il se défendra en dépit du respect des usages devant un tribunal. À l'image de sa réputation. Il ne cesse de rappeler son argument fétiche : « Je suis la cible d'un complot visant à m'éliminer. » Depuis le début, sur ce point, il n'a jamais modifié sa stratégie.

Après le déjeuner, c'est au tour de Marie-Christine Robert. Elle raconte notre entrevue de l'hôtel Novotel de Valenciennes.

— Eydelie m'a dit qu'il avait téléphoné avec Jean-Pierre Bernès. C'est M. Tapie qui lui avait demandé de prendre contact avec ces joueurs…

Je lui coupe la parole.

— Non, c'est faux. Ce n'est pas Bernard Tapie, c'est Jean-Pierre Bernès.

Le président me recadre.

— S'il vous plaît, vous parlerez quand on vous interrogera.

Marie-Christine Robert reprend.

— C'est M. Tapie qui lui avait demandé de prendre contact avec ces joueurs lors d'une discussion sur le *Phocéa*. S'il refusait, il m'a dit qu'il serait tricard à l'OM.

Je peux ensuite m'exprimer. Je suis concentré comme avant un match. Je ne peux me mettre en porte à faux vis-à-vis de Tapie. Je ne dois pas faire d'erreur. Je m'en tiens à ma seule version. D'emblée, je réponds à celle que nous ne considérons plus comme la marraine de notre fils Johan.

— Mme Robert a mal saisi, monsieur le président. Je me trouvais bien sur le bateau. Bernard Tapie aussi. Mais c'est Jean-Pierre Bernès, seul, qui m'a parlé pour savoir si j'avais fait ce qu'il m'avait demandé quelques jours auparavant. C'est-à-dire contacter les trois joueurs de Valenciennes. Si j'ai fait cela, c'est par crainte de ne pas jouer la finale de Coupe d'Europe et que mon contrat ne soit pas prolongé. Tapie n'est jamais intervenu dans cette affaire. Bernès est le seul à m'avoir donné des directives.

Enfin, je n'omets surtout pas d'aborder l'instruction.

— Il ne faut pas oublier les énormes pressions que j'ai reçues du juge Beffy pour dire des choses sur Bernard Tapie.

Le procureur de Montgolfier, lui, me relance sur l'une de mes auditions dans laquelle j'évoquais « la présence de personnes qui n'étaient pas des agneaux dans la tribune présidentielle du Vélodrome ». Il insiste à plusieurs reprises.

— Que vouliez-vous dire et qui sont ces gens-là ?

— Je ne comprends pas ce que vous me demandez.

Le président Langlade coupe notre échange. En fait, face au juge Beffy, j'avais joué sur l'environnement sulfureux de l'OM afin de ne rien révéler. J'avais conclu en étant menaçant : « Méfiez-vous, faites attention, monsieur Beffy, vous n'avez pas mis les pieds n'importe où. » J'avais joué au voyou. Je le regrette.

Au cours de cette première journée, le plus difficile pour moi a été d'entendre l'énumération de mon casier judiciaire. Je ne m'y attendais pas. « Déserteur de l'armée, défaut d'assurance automobile et retrait de permis pour alcoolémie. » Tout le monde a entendu. À mes yeux, c'est une certaine forme d'humiliation. Cela me déshabille.

Pour Tapie, le plus dur commence en cette fin d'après-midi. Jean-Pierre Bernès clame ce que tous les adversaires de l'ancien président de l'OM espèrent.

— Oui, il y a eu tentative de corruption sur l'initiative d'Eydelie qui connaissait Glassmann. Oui, il y a eu corruption de ma part sur ordre de Tapie. Tous les joueurs savaient que le match était arrangé, demandez à Desailly ou à Deschamps. C'est Jorda, le trésorier du club, qui m'a remis les 250 000 francs.

Le coup de théâtre tant attendu a lieu. Le bras droit, l'homme de confiance, « les yeux et les oreilles de Tapie » – tel qu'il aimait se définir – balance son ancien patron. Il enfonce Tapie. Mais aussi l'équipe olympienne. Sur le moment, son attitude me débecte. Bernès ne tient pas son rôle. Il est faible. Nous devions tous protéger le club et assumer nos actes sans mouiller le Boss. Et lui, il craque ! Il n'avait qu'à tout prendre sur lui s'il aimait vraiment l'OM[1].

Dorénavant, Eydelie n'existe plus. Place à la guerre Tapie-Bernès. J'en ai la confirmation dès le lendemain.

Tard dans la nuit, à Ronchin, je prépare ma défense. Paradoxalement, les affirmations de Bernès peuvent m'aider. Avec ses déclarations, deux noms apparaissent dans cette affaire. Jamais cités jusqu'à présent : Deschamps et Desailly. Je dois donc trouver une solution pour amener mes deux anciens coéquipiers à la barre. Je décris à Christine la prestation de mon avocat. À chacune de ses prises de parole, j'avais honte. Il ne me soutient pas. Il est présent. C'est tout. Je sens dans mon dos les ricanements du nombreux public à chacune de ses interventions. Par téléphone, je lui fixe un rendez-vous, tôt le lendemain. Avant la reprise des débats.

— C'est simple. Soit vous changez de comportement et vous participez au procès, soit je vous vire. Mais d'abord, je veux voir Langlade, tout seul, dans les minutes qui viennent. Et si je n'ai pas ce rendez-vous, je vous vire également.

Persuasif, j'obtiens de mon avocat une entrevue avec Bernard Langlade. Je confie mon agacement au président du tribunal.

1. Dans son livre, *op. cit.*, Bernès explique que lors d'une confrontation, le 29 mars 1994, entre lui, Tapie, Borloo et Coencas, il sent que Tapie et Coencas ont accordé leurs violons. C'est à ce moment-là qu'il pressent que son ancien patron le lâche. Il précise alors que, si le député lui était resté fidèle et lui avait témoigné son amitié, il n'aurait jamais tout balancé au procès. Il aurait alors assumé son statut de « coupable idéal ».

— Je suis indigné par mon avocat. Je ne pourrai pas supporter les ricanements des gens présents dans la salle chaque fois qu'il intervient. Je vous demande de faire régner l'ordre.

— C'est vrai, ces comportements n'ont pas lieu d'être. Sur le reste, calmez-vous.

— De plus, je voudrais dire quelque chose ce matin, être le premier à parler.

Ma requête est exaucée. Le président débute cette deuxième journée en m'invitant à prendre la parole. Je m'avance à la barre.

— Hier, M. Bernès a dit que tous les joueurs étaient au courant. Je désire savoir ce qu'il entend par là ? Il a également cité les noms de Deschamps et Desailly. Pourquoi ? Et vous, monsieur le président, qu'en pensez-vous ?

Les secondes qui suivent me paraissent une éternité. Bernès ne répond pas. Personne ne réagit. Je retourne m'asseoir. Déçu. Tout le monde s'en fout. Je ne compte pas. Seul le sort de Tapie préoccupe la cour. Ce qui aurait pu m'aider représente une perte de temps pour le tribunal.

Je reste dans l'ombre du match Tapie-Bernès. Comme sur le terrain, tous les coups sont permis, tant que l'arbitre ne sanctionne pas. Le député provoque son ancien bras droit. Ce dernier craque. Soudain, sa voix résonne dans le prétoire.

— Escroc !!

L'ancien directeur général de Marseille quitte la salle. Son avocat, Gilbert Collard, explique les provocations teintées de menaces discrètement adressées par des gestes évocateurs de Tapie.

Bernard Langlade tente de ramener le calme. Il n'a rien vu.

Peu avant cette sortie remarquée et étonnante lors d'un procès, Bernès était en train de raconter, de manière très détaillée, ma convocation au siège de Bernard Tapie Finance peu avant ma première rencontre avec le juge valenciennois.

Cette deuxième journée est marquée par l'interrogatoire d'un Bernard Tapie aucunement déstabilisé par la bombe lâchée par son ancien bras droit.

— Tous les aveux de Bernès sont faux. En fait, il a débité trois vérités. D'abord je nie tout. Ensuite, avec son livre, c'est je dis tout. Et, maintenant, il dit que tout se décide au-dessus de lui. Mais moi, je ne peux renvoyer la balle à personne.

L'ancien patron d'Adidas reprend toute l'histoire depuis le début. Monopolise la parole. Ne lâche pas le micro. Il place une nouvelle fois son argument mettant en cause les dirigeants valenciennois. De corrompus, ils deviennent corrupteurs.

— Ils ont créé les conditions pour que le résultat soit remis en cause en cas de défaite de leur équipe. Valenciennes se battait pour ne pas descendre en deuxième division.

Tapie évoque aussi la force mentale de son équipe, championne d'Europe... Attentif, Éric de Montgolfier n'hésite pas à le questionner.

— Vous avez pourtant déclaré que les joueurs sont si fragiles que, lorsque leur télé tombe en panne, ils appellent le club.

— Vous savez, footballeur, c'est le métier le plus dur du monde.

— C'est tout de même plus éprouvant d'être mineur, non ?

Passe d'armes terminée, Tapie ne renchérit pas.

Durant ce procès, je dors peu. Étrangement, je ne me sens pas fatigué. Je vis sur l'adrénaline. La tension. Le soir, je me remémore mes interventions de la journée. Je n'écoute aucun compte rendu d'audience. Ni à la télévision ni à la radio. Je ne lis pas la presse. Je ne veux pas que des commentaires extérieurs viennent brouiller ma perception des débats.

16 mars. Début de l'étude de l'autre volet du procès. La subornation de deux témoins, Boro Primorac et moi. En quelques mots, Tapie confirme sa version.

— Le 17 juin dernier, je n'ai jamais rencontré Boro Primorac à mon bureau. J'étais avec Jacques Mellick et sa collaboratrice, Corinne Krajewski.

Cet aspect de l'affaire est capital pour lui. S'il a tenté de suborner l'un des acteurs du match Valenciennes-Marseille, cela prouve qu'il est impliqué dans cette magouille. Connaissant le personnage, il n'aurait jamais pris le risque de négocier avec Primorac pour sauver Bernès ou quelqu'un d'autre. S'il s'investit personnellement, c'est dans son intérêt. Uniquement.

De son côté, l'ancien coach nordiste réitère ses déclarations faites au juge Beffy. L'entretien avec l'ancien ministre et son offre financière pour qu'il assume l'entière responsabilité de la corruption.

Le Boss n'est pas aussi convaincant qu'à son habitude. Il est hésitant, se reprend, manque de clarté dans ses explications.

Je suis appelé à la barre pour l'autre tentative de subornation me concernant. Je connais mon texte sur cette fameuse soirée du 17 septembre. Je réitère les explications déjà données au juge Beffy, le 29 mars 1993, lors de ma confrontation avec l'ancien ministre.

— Tapie m'a confié qu'il ne savait pas la vérité sur l'affaire de corruption. Il m'a ensuite confirmé qu'il me reprendrait à l'OM dès que tout cela serait terminé. Il m'a donc précisé la nature du contrat et présenté ses propositions financières.

Je le disculpe totalement.

17 mars. Deuxième coup de théâtre après celui de Bernès.

Corinne Krajewski revient sur sa version. Pendant l'instruction, l'attachée parlementaire de Jacques Mellick a soutenu et approuvé la position de l'ancien ministre de la Mer. Devant le tribunal, son témoignage varie.

— Je n'étais pas à Paris avec M. Mellick, ce 17 juin. C'est lui qui m'avait dit de raconter cela. En fait, je n'ai pas rencontré Tapie durant tout ce mois de juin. Ni à Paris ni ailleurs. [...] Je ne suis pas allée dans ses bureaux de BTF.

Mellick est maintenant à la barre. Comme témoin. Il n'a donc pas entendu le témoignage précédent.

— Je fais mille allers-retours par an sur Paris. Mais je me souviens avoir rencontré Bernard Tapie le 17 juin 1993, en compagnie de Corinne Krajewski. C'est tout ce que je peux vous dire.

La réplique que toute la salle attend est posée par l'un des assesseurs du président Langlade.

— Mme Krajewski vient de confier au tribunal qu'elle n'était pas avec vous, dans les locaux de Bernard Tapie Finance, le 17 juin 1993. A-t-elle menti ?

— Je pensais être accompagné. [...] Elle a vécu une grossesse compliquée, avec des problèmes psychologiques. Donc, vous savez, elle se trompe peut-être.

Son ancienne assistante reprend la parole.

— Je ne peux laisser dire cela. Ma grossesse a été difficile, le dernier mois uniquement. On ne peut laisser croire que j'ai menti devant la justice. Mon mari est salarié de la commune de Béthune. Je prends des risques en présentant une version différente de celle de monsieur le maire. De toute façon, il était au courant que j'allais revenir sur mes premières dépositions. Du coup, il est venu hier soir, chez moi, pour tenter de me convaincre de ne pas le faire. Il a exercé des pressions sur l'emploi de mon mari. Maintenant, après ce que je viens de dire, il doit être au chômage…

Mellick tente de sortir la tête de l'eau.

— Je suis effectivement allé chez elle, hier. J'ai bien le droit de rendre visite à des collaborateurs.

Suspension d'audience. Tapie a perdu de sa superbe. Il ne parade plus.

Je me remémore toute l'affaire. Et cette question lancinante, comment un homme comme lui, maîtrisant sa communication, doté d'une intelligence largement au-dessus de la moyenne, capable d'anticiper face à toutes les embûches de la vie, a-t-il pu se fourvoyer dans une défense si peu réfléchie ? Depuis le début du procès, Tapie a multiplié les erreurs, les approximations et les arguments fallacieux. Trop sûr de lui et de ses appuis, il n'a pas pris la mesure des capacités de son adversaire le plus redoutable, Éric de Montgolfier. Dans ce dossier, la légèreté de l'ancien ministre est en passe de l'amener à perdre le match de sa vie. Celui qui peut briser son irrésistible ascension. Il en est conscient. Lorsque les débats reprennent, il n'est plus le même. En apparence.

Éric de Montgolfier conclut.

— J'envisage de poursuivre M. Mellick pour faux témoignage et subornation de témoin.

Le procès reprendra lundi.

La bête n'est que blessée. Une nuit passe et Tapie retrouve de sa superbe, dans les médias cette fois. Le samedi matin, sur France Inter, il sort cet argument. « Cessez de dire que mon alibi tombe. Car de revirement en revirement, d'horaire en horaire, il y a plusieurs mois qu'il était établi que, de toute façon, si Mellick était chez moi ce jour-là, cela n'empêchait pas Primorac d'y être. » Alors que sa cause semble perdue, il n'abandonne pas le combat, bien au contraire. Même si son argumentation est difficile à suivre.

Quasiment au même moment, le maire de Béthune est interpellé pour être placé en garde à vue. Le procureur l'avait prévenu. Rapidement, il reconnaît ne pas s'être rendu dans les bureaux de Tapie, le 17 juin 1993. Fin de l'épisode le plus rocambolesque de VA-OM[1].

Le dimanche, l'homme d'affaires prolonge sa défense au 20 heures de France 2. Ironie de l'histoire, ce jour-là, sur TF1, dans l'émission « Téléfoot », Claude Lelouch effectue le tirage au sort des demi-finales de la Coupe de France. Le PSG accueillera… Marseille.

Lundi 20 mars. Avant le réquisitoire et les plaidoiries, Bernard Langlade veut entendre une dernière fois les prévenus. Rien de neuf. Excepté de la part de

1. Le 14 avril 1995, à Béthune, Jacques Mellick est condamné à six mois de prison avec sursis et deux ans d'inéligibilité pour subornation de témoin. Le 28 novembre 1995, la cour d'appel de Douai le condamne à un an de prison avec sursis et deux ans d'inéligibilité.

Bernès. À la barre, il abat ses dernières cartes... contre moi.

— C'est Jean-Jacques Eydelie qui a tout arrangé. Moi, j'ai agi sur ordre de Tapie. Pendant sept ans, je vivais sous son influence. Eydelie se moque de vous. D'après moi, il n'a pas trouvé le club de Benfica par hasard.

Cette attaque est gratuite. Elle me révolte. À moi de sortir ma révélation.

— Après le match VA-OM, M. Bernès m'a proposé les 350 000 francs restants pour que je continue à nier la corruption des joueurs de Valenciennes.

— Dites, monsieur Bernès, est-ce choquant que Eydelie soit aujourd'hui à Benfica ? demande Tapie N'a-t-il pas les qualités footballistiques pour évoluer à ce niveau dans ce club ?

Bernès baisse la tête. Il acquiesce. L'incident est clos.

J'imagine qu'Éric de Montgolfier attend ce mardi 21 mars depuis longtemps. Pour se retrouver face à Tapie. Lui parler. Directement. Sans passer par la presse. Le procureur apparaît sûr de lui.

« Un fils dit à son père : "Quand je serai grand, je veux être footballeur." Le paternel répond : "Il n'y a pas que l'argent dans la vie, mon petit..." Je ne suis pas un adepte ni un praticien du football. Mais je constate : dans une terre de pénurie qu'est devenue le nord de la France, le sport, c'est tout ce qui reste pour certaines personnes. Dans mon arrondissement judiciaire, il est des endroits où le taux de chômage atteint 30 %, parfois 50 %.

» On peut comprendre qu'à ce taux de désespoir le sport devienne souvent un dérivatif. Il est donc intolérable que le football soit devenu le marchepied de l'argent et de la politique. Le sport doit rester pur… et tant pis si je me trompe. Ma position est peut-être maximaliste, mais elle a son importance en termes de société. Je refuse de banaliser ce dossier pour ne pas banaliser la corruption. Ce qui intéresse le peuple de ce pays, n'est-ce pas son avenir ? Or, son avenir, je le trouve dans ce dossier. Y a-t-il eu ensuite un marché entre M. Tapie et M. Coencas, entre le président de choc et le président de paille ? C'est une thèse que je n'écarte pas. Cependant, une éventuelle contre-corruption ne libère pas le corrupteur. La loi reste applicable. La corruption n'a pu se faire sans l'assentiment du patron de l'OM. À la veille de la finale européenne contre le Milan AC, il faut jouer la tranquillité. Un homme d'entreprise, dans cette situation, ne va-t-il pas essayer de préserver la sérénité. Il existe d'énormes possibilités pour faire sortir 250 000 francs sans facture à l'OM. Trop d'argent circule dans ce club. Toutefois, M. Bernès ne pouvait l'obtenir sans l'aval de M. Tapie. Ils choisissent Eydelie comme intermédiaire parce qu'il est le seul joueur de l'OM à connaître Burruchaga, Robert et Glassmann. Ensuite, parce qu'il est fragile, parce qu'il est surpayé. Il a touché 600 000 francs d'avance, mais n'a pas de contrat écrit. Enfin, M. Eydelie veut participer à tout prix à la finale de Munich. Par fierté, mais aussi parce qu'un footballeur qui remporte ce trophée des champions vaut de l'or. Il faut réhabiliter Jacques Glassmann afin de montrer, non seulement qu'il n'y a pas de risque à dénoncer la corruption, mais qu'il y a aussi du mérite. Sinon, c'est faire le lit de la corruption dans les stades.

» À plusieurs reprises, M. Tapie a tenté de détourner le cours de la justice. Il y a ses conversations téléphoniques avec Robert et Burruchaga, trois jours après le match de Valenciennes. Il y a la subornation de Boro Primorac, le 17 juin, avec ce pitoyable alibi fourni par M. Mellick. Je me faisais une autre idée de la solidarité gouvernementale. Il y a ces deux rencontres avec Jean-Jacques Eydelie en juin puis en septembre. Le problème avec Bernard Tapie, c'est qu'il veut toujours tout prouver. Sans prendre le temps de la réflexion. Et puis, il y a, le 25 juin 1993, sa visite à mon bureau. J'ai accepté de le recevoir par curiosité sociologique, pour en savoir plus sur les hommes d'influence. Le président de l'OM souhaitait convaincre un procureur qui s'égare. Ce jour-là, j'ai beaucoup appris sur les mœurs du football, sur qui vous étiez, monsieur Tapie, et sur les mœurs de la politique. Bernard Tapie a trahi le football. En obtenant de Jacques Mellick de le couvrir dans une action de subornation, il a également compromis la République. Quel talent ! Quel grand homme il pourrait être. Mais il n'y a pas de talent qui vaille dans notre société s'il n'est pas utilisé au service de l'homme, de l'autre. Monsieur Tapie, je ne cesserai de me demander pourquoi, dans cette décennie de fric et de toc, vous avez choisi d'être une nébuleuse plutôt qu'une constellation ? Vous avez bafoué les lois de la République. Je suis le procureur et je vous en demande raison. »

Posé. Maîtrisant ses effets de style. Jouant avec les silences. Pédagogue. Chirurgical dans le rappel des faits. Éric de Montgolfier vient de parfaitement résumer le plus gros scandale du foot français. Une dose de morale. Une dose d'éthique. Une dose de social et de justice. Il demande trois mois de prison avec sursis pour Marie-Christine Robert. Huit avec sursis et 10 000 francs d'amende pour son mari et Burruchaga. Dix-huit mois avec sursis et 20 000 francs pour Bernès. À mon encontre, il réclame quatorze mois avec sursis. Ses réquisitions contre Tapie sont les plus lourdes, dix-huit mois de prison dont six devront être exécutés. La salle est restée silencieuse comme jamais durant ce procès. Le député de Gardanne est à ma droite. Blême. Pour la première fois, il se tait. Touché. Presque coulé.

Place aux plaidoiries. Pour Jean-Pierre Bernès, Gilbert Collard.

— Personnellement, je n'aime pas Tapie. Il n'y a pas de complot contre Marseille, contre l'OM, contre son président. C'est la propre nature de Bernard Tapie qui s'acharne sur Bernard Tapie. Le moteur de cette histoire tient dans la volonté cannibale, de puissance d'un homme, une volonté électrisée par un seul mot : gagner. Gagner avec l'OM pour conquérir les rêves de cette ville, les lauriers de « César de Marseille », pour gagner les prochaines échéances électorales. Mais gagner, sans savoir perdre. Mon client est coupable. Coupable d'avoir aimé Tapie. Quand on peut faire dire n'importe quoi au président de la République, qui, le 14 juillet 1993, affirme qu'il n'y a pas d'affaire VA-OM, on peut faire dire n'importe quoi à Jean-Pierre Bernès.

Au tour de Francis Debacker, pour Tapie. Sa cible, Éric de Montgolfier.

— Monsieur le procureur de la République, vous êtes l'organisateur des chasses médiatiques, d'une longue traque avec des armes appelées : rumeur, désinformation, pressions physiques et morales. Vous avez beaucoup construit et imaginé, sans apporter ni preuves ni indices. M. Bernès n'a pas d'autres choix que de déplacer les responsabilités et de passer le ballon à Bernard Tapie.

Dans l'attente de la sanction judiciaire, prévue mi-mai, je reste avec Christine à Ronchin. Je n'ai plus peur de me montrer, plus peur des photos ou des images volées des journalistes. Au tribunal, ils ont eu tout le loisir de me shooter. Je ne suis plus une proie pour eux. Je vais chez le coiffeur. Je joue aux boules. Rien de bien exceptionnel. Mais, à mes yeux, c'est une vie normale qui se dessine petit à petit. C'est aussi la période durant laquelle je croise le regard des gens. Leur jugement. Il est plutôt clément à mon égard. Ils viennent me parler, sans aucune agressivité. Je n'entends aucune insulte. Ils en veulent plus à Coencas ou aux joueurs de VA qu'à moi. Réconfortant.

15 mai. 14 heures passées de quelques minutes. Muet. Tapie ne desserre pas les lèvres. Deux ans d'emprisonnement dont un à exécuter. Abasourdi, il n'envisageait pas une peine plus lourde que le réquisitoire du ministère public. Chose inhabituelle chez lui, il se tait. Ne commente pas son jugement.

Son ancien directeur général est condamné à deux ans de prison avec sursis et 15 000 francs d'amende. Six mois avec sursis et 5 000 francs d'amende pour Burruchaga et Robert, la femme de ce dernier écopant de trois mois avec sursis. Quant à moi, je m'en tire avec douze mois avec sursis et une amende de 10 000 francs.

Comme à mon habitude, je ne fais aucune déclaration. Aucun commentaire. Bernès, lui, s'épanche devant la forêt de micros. « J'ai la conscience tranquille. J'ai fait mon *mea culpa.* Je veux tourner la page. Cette affaire doit servir de leçon. Je vais demander rendez-vous à MM. Le Graët et Simonet. Tout le monde peut fauter dans la vie. J'espère qu'ils m'offriront une deuxième chance. Quant à Tapie, je ne sais plus qui c'est. »

Ce 15 mai, c'est la victoire d'un homme, Noël Le Graët : « Je ne regrette pas d'avoir porté cette affaire devant les tribunaux. Il fallait guérir le football de la corruption. »

Beau discours. Utopie. Hypocrisie.

Le 28 novembre 1995, Jean-Pierre Bernès voit sa peine allégée par la cour d'appel de Douai : dix-huit mois avec sursis et 15 000 francs d'amende. Tapie, coupable de corruption et de subornation de témoins, est condamné à deux ans de prison dont huit mois fermes, trois ans d'inéligibilité et 20 000 francs d'amende. Il commente. « Huit mois de prison ferme pour 250 000 francs donnés, à mon insu, pour un match de football... chacun appréciera[1]. »

Ma condamnation reste la même. Quelques mois plus tard, je reçois un courrier de Christophe Robert. Il me demande de lui rembourser les 10 000 francs, montant de l'amende dont il s'était acquitté pour moi. Sans réponse de ma part, plusieurs huissiers me réclament la somme à intervalles réguliers. Je les envoie tous bouler.

Je n'ai plus rien à faire avec la justice. Par contre, je reste un observateur des déboires de Bernard

1. Après avoir épuisé tous les recours possibles, Bernard Tapie est incarcéré à la prison de la Santé, à Paris, le 3 février 1997. Il est 19 h 45. Il est alors âgé de cinquante-quatre ans. Le lendemain, son pourvoi en cassation est rejeté. Transféré au centre de détention de Luynes, dans les Bouches-du-Rhône, il bénéficie d'une liberté conditionnelle, le 25 juillet.

Tapie. Le 12 mai 1997 s'ouvre le procès des comptes de l'OM sous sa présidence devant la 6e chambre du tribunal correctionnel de Marseille. Bernard Tapie reconnaît pour la première fois la corruption VA-OM. Jusque-là, il avait toujours nié sa participation.

« On n'a pas besoin de passer par des intermédiaires pour acheter un match. Pour Valenciennes, l'argent a été pris sur l'argent en espèces provenant de la vente des billets pour la finale de la Coupe d'Europe. [...] J'ai fait mon devoir dans l'affaire VA-OM pour ne pas être baisé comme Auxerre, dont une grande partie de l'effectif avait été blessée lors d'un match qui précédait une rencontre européenne[1]. »

Dans son ordonnance de renvoi, le juge d'instruction, Pierre Philippon, écrit : « Il a fallu détourner des fonds très importants dans le but de fausser la compétition sportive. Ce système de fausses factures et de détournements existait dans le but d'acheter certains matches, d'approcher certains joueurs ou de corrompre certains arbitres[2]. »

Pour la justice, 110 millions de francs ont été détournés au préjudice des finances de l'OM.

J'examine tout cela avec beaucoup d'intérêt. J'ai ainsi appris comment l'OM avait pu sortir les 250 000 francs en espèces remis à Marie-Christine Robert.

---

1. Extrait de l'audience du 20 mai 1997. Sur ce thème des blessés, Tapie avait également été marqué par la mésaventure de Saint-Étienne en 1976. Il nous en parlait souvent. Les Verts avaient en effet perdu quatre joueurs sur blessure lors du déplacement à Nîmes, juste avant la finale de Coupe d'Europe, perdue à Glasgow.
2. Extrait de l'ordonnance de renvoi du 13 décembre 1996.

28

Rejouer au foot

Fin mai 1995. Après le procès de Valenciennes, je retourne à Lisbonne. Sans conviction. Je décide de quitter le club où j'assiste aux matches depuis les tribunes. Je romps mon contrat. Une façon aussi de couper avec Tapie. Benfica, c'était lui. Je veux rebondir dignement. Je suis encore capable de jouer, d'apporter mes qualités à une équipe. Retrouver la compétition. Prouver que je ne suis pas fini.

De la capitale lusitanienne, je prends un avion pour Nice. J'ai rendez-vous à Monaco avec Rolland Courbis, qui vient d'être remercié par le président des Girondins de Bordeaux, Alain Afflelou. Dès le prochain championnat, cet entraîneur né à Marseille va prendre en main les destinées du Toulouse Football Club, qui évolue alors en deuxième division.

Je suis content de rencontrer cette personnalité controversée. Il a été mis en cause dans diverses affaires liées à l'un de ses précédents clubs, Toulon. Pour l'une d'entre elles, il a même purgé quatre-vingt-dix-huit jours de détention préventive avant d'être remis en liberté, au cours du mois de janvier 1992. La justice avait découvert un détournement de 13,68 millions de francs du club varois, directement versés sur des comptes de certains proches du technicien. En février 1995, il a de nouveau été condamné à trois ans de prison avec sursis et 300 000 francs d'amende. Un mois plus tôt, il avait en revanche été relaxé par la cour d'appel d'Aix-en-Provence, dans une affaire de baronnage concernant le casino Palm Beach de Cannes.

Bernard Pardo et Joël Henry m'ont souvent parlé de Courbis. C'est un fondu de foot. Il connaît tout sur toutes les équipes. En France, comme à l'étranger. Dans son coaching, il tente des coups, innove. Selon eux, c'est un meneur d'hommes, un fin psychologue. Il tire le meilleur de son groupe. Dans le vestiaire, avant un match, il est capable de te convaincre que tu es meilleur que Maradona.

Il est comme je l'imaginais. Très chaleureux. Amical dès la première poignée de main. Séducteur. L'entrée du restaurant de l'Hôtel de Paris nous est refusée. Nous ne portons pas de cravate. Nous nous rabattons de l'autre côté de la place, au Café de Paris. À quelques mètres des machines à sous, black jack et autres roulettes. Au cours du repas, il me présente l'objectif sportif. La montée en première division. Ensuite, il me propose un contrat de deux ans. 120 000 francs par mois. Mais il imagine notre collaboration au-delà de cette durée.

— Je souhaite t'emmener avec moi ailleurs, lorsque je retrouverai un grand club. Si on peut dire, tu feras partie de mon écurie. Je t'emmènerai partout avec moi. J'ai besoin de ta hargne, de ta grande gueule au milieu de terrain.

Marché conclu. Il appelle alors une personne qu'il présente comme un ami. Dominique Rutily[1]. Il ne m'en dira jamais plus sur lui.

— Je te passe Jean-Jacques Eydelie.

— Allô, Jean-Jacques, on voulait travailler avec toi. On est très content de t'avoir avec nous maintenant. Tu vas voir, ta carrière va redémarrer.

Nous passons les cinq heures qui suivent autour d'un bon gueuleton, arrosé de bonnes bouteilles. J'apprécie aussi son côté festif, bon vivant. C'est le moment choisi par sa compagne, la comtesse Marie-Louise Rizzoli, pour venir le chercher.

— Tu fais quoi ?

— Je te présente Jean-Jacques Eydelie, il vient avec moi à Toulouse.

— C'est une tête de voyou, ça.

Nous éclatons de rire tous les trois. Courbis cède à son amie et s'en va. Je regagne la chambre réservée et payée par ses soins. Hôtel de Paris. Il a sorti le grand jeu…

Deux jours passent. Je reçois un appel de Milan Calassan, un agent.

— Arsène *(Wenger)* te veut toujours avec lui au Japon. Mais tu dois être patient. En attendant, j'ai Bastia pour toi.

---

1. Le 1er avril 1996, devant ma télé, j'apprends la mort de Dominique Rutily. Abattu, la veille, de plusieurs balles en pleine tête, à la sortie du stade de Hyères, dans le Var. Il venait d'assister au match de nationale 3 entre l'équipe locale et la formation corse de Calvi, dont il était le président. Il appartenait au clan corse de la « Brise de mer ». Dans ce guet-apens, un autre homme est atteint de deux balles à l'abdomen. Il s'agit de Rolland Courbis.

Le 18 juin 1995, à Paris, je rencontre deux dirigeants corses. Jean-Martin Verdi et Jean Nicolaï[1]. Leur club évolue en première division. Cette opportunité ne se représentera pas. J'ai de nouveau l'occasion de jouer parmi l'élite du foot français. C'est un challenge. La possibilité aussi de redorer mon image ternie par VA-OM. Le discours de Verdi et Nicolaï me séduit. Ils ne portent pas de jugement sur mon passé récent. Ils témoignent de la confiance au joueur que je veux redevenir. Comme Courbis, ils me tendent la main au moment de ma carrière où j'en ai le plus besoin.

Je signe mon contrat sur-le-champ. Il porte sur les deux prochaines années. Le salaire est moins important que celui proposé par Toulouse. Mais là n'est pas le principal. Ce qui est capital à mes yeux est de prouver que, ma place de titulaire, à Marseille, je la devais à mon travail, à mon obstination et à mes qualités. Et non à de mauvaises raisons.

À la sortie de ce rendez-vous, j'appelle Luciano d'Onofrio, un ami du nouvel entraîneur toulousain.

— Je suis emmerdé. Je viens de m'engager avec Bastia et j'avais promis à Rolland que j'irais avec lui. Je n'arrive pas à le joindre pour lui expliquer.

— Ne t'inquiète pas, je m'en occupe.

Je comprendrais que Courbis me reproche de l'avoir planté.

Pour toute la famille, l'île de Beauté est une terre d'accueil. Nous vivons dans un cocon. Les dirigeants nous apportent tout le confort matériel nécessaire. Un logement, un véhicule. Et, bien entendu, un

1. Tous deux ont été condamnés dans le cadre du procès du leader nationaliste corse Charles Pieri en mai 2005.

salaire. Mes enfants sont choyés. Bastia me réhabilite sportivement. Je ne suis plus l'« intermédiaire » du scandale. Personne ne me questionne sur VA-OM. Pudeur et respect. Cela m'aide à redevenir un homme. J'ai payé pour ma faute. Les dirigeants le savent. Ils m'aident à me relever. Je leur en serai éternellement reconnaissant. En Corse, les rapports humains sont sincères. Quand ça ne va pas, on en parle. Cette franchise permet de ne pas laisser pourrir les situations. Nous entamons une nouvelle vie. Johan et Antoine accueillent un petit frère, Jean-Baptiste.

Je renoue avec les entraînements quotidiens, les matches chaque week-end. Mes repères. Mon métier. Ma vie. Mais, rapidement, je m'aperçois que je suis moins motivé qu'avant. L'instruction, le procès, les pressions, les mensonges, la condamnation, les articles odieux dans la presse... Tout cela m'a bouffé. Insidieusement. Mentalement, je suis différent. Je ne ressens plus cette force en moi. Psychologiquement, je suis épuisé. Je pensais sortir indemne de tout cela. Ce n'est pas le cas. Je suis lessivé. J'ai toujours su que cette histoire serait lourde à porter. Mais pas à ce point.

Du coup, je ne suis plus aussi performant qu'à Nantes ou à Marseille. Je reste un bon joueur de première division. Cependant, ce n'est plus pareil. Je m'accroche. Pour les miens, pour ceux qui m'ont offert une autre chance. Je dispute tous les matches. À fond. Je donne tout ce que je peux. Quel que soit le stade, je n'essuie aucune insulte. Le fait de porter le maillot de Bastia, sans doute. La réputation du caractère corse me protège des agressions extérieures.

Après deux saisons, les dirigeants bastiais me proposent de prolonger. Sans augmentation. Je ne leur en veux pas. Ils ont déjà fait le maximum pour moi. Voire le principal. J'ai deux propositions financières plus attrayantes, en Suisse. Je décide de partir. Un déchirement pour toute la famille. Nous préparons nos valises. Derniers regards vers cette île magnifique. Vers ces gens qui m'ont aidé à ne pas sombrer. Nous pleurons la Corse.

Nous n'avons jamais trouvé le courage pour y retourner.

Juin 1997. J'ai deux possibilités. Sion ou Neuchâtel Xamax, entraîné par Gilbert Gress. J'opte pour le premier club. L'agent Gilbert Sau s'occupe de la transaction. Je l'ai connu à Bastia. Un contrat en or. Trois millions de francs nets par saison. Sans les primes. Je m'engage pour trois saisons.

Le club est ambitieux. Trente-huit joueurs composent l'effectif. C'est énorme. Parmi mes coéquipiers, il y a Marco Grassi et Roberto Assis, le frère de Ronaldinho. Le coach est Alberto Bigon, vainqueur de la Coupe de l'UEFA avec le Naples de Maradona.

Nous débutons bien, en ligne avec les objectifs. Nous passons les deux tours préliminaires de la Ligue des champions. Je renoue ainsi avec la compétition remportée avec l'OM. Un symbole. Quatre longues années entre ces deux événements personnels. Nous entamons notre parcours dans la plus prestigieuse des coupes européennes contre les Turcs de Galatasaray. Je suis titulaire. Sur notre pelouse, nous sommes menés 0-2, après seulement six minutes de jeu. Dans les secondes qui suivent, je suis expulsé. Nous nous inclinons 1-4. Au match retour, je suis suspendu. Nouveau revers, 4-1. Nous basculons en Coupe de l'UEFA et les Russes du Spartak de Moscou mettent aussitôt un terme à nos espoirs d'épopée continentale.

Dès septembre, les emmerdes recommencent. Le président de Sion a misé sur la Ligue des champions et ses primes lucratives. Il a bâti une équipe pour aller loin. Les rentrées d'argent planifiées ne se concrétisent donc pas du fait de cette élimination prématurée. Les salaires ne sont pas versés. Peu après, Sion dépose le bilan. Une nouvelle équipe dirigeante reprend le club à la dérive. Les salaires sont renégociés. À la baisse pour ceux qui souhaitent rester.

Je me retourne vers mon agent pour trouver une solution. Gilbert Sau tente de me rassurer. Me promet d'autres clubs. J'attends. Mais rien ne se présente. Je l'appelle pour mettre un terme à notre collaboration. L'échange verbal est violent. Je suis remonté.

— Bon, maintenant, laisse-moi tranquille. Ne t'occupe plus de moi.

— Tu ne peux pas me jeter comme cela. Je vais te faire des trous dans les tibias, tu ne pourras plus jamais jouer au foot.

— Gilbert, viens tout de suite. Viens me faire des trous de partout. Mais, un conseil, ne me manque pas.

Je l'attends toujours.

Acculé, je signe un nouveau contrat avec Sion. 35 000 francs mensuels pour les dix-huit prochains mois. Toutes les stars ont quitté le navire. Je prends le brassard de capitaine. Nous assurons l'essentiel. Le maintien.

De mars à juin 1999, je pars en Angleterre, à Walsall, l'équivalent du National en France. Christine et les enfants restent en Suisse.

Puis j'effectue une pige de six mois au FC Zurich, pour 50 000 francs par mois. Nous sommes sortis de la Coupe de l'UEFA par Newcastle.

Janvier 2000, la boucle est bouclée. Nous nous installons dans ma ville natale, Angoulême. Nous prenons une maison. Nos économies nous permettent de vivre quelque temps. Je propose mes services à l'équipe locale, qui dispute le championnat de National. Je suis prêt à jouer gratuitement. Mon offre est refusée par les frères Goursat, les patrons du club. Philippe en est le président, Hervé, l'entraîneur. Ce dernier est également agent de joueurs[1].

En septembre, Avranches, en Basse-Normandie, me sollicite. Le club m'offre une place dans leur équipe de CFA2. J'accepte. Nouveau déménagement. Le club assure le loyer de la maison. Christine est enceinte de jumeaux. Depuis quatre mois. Au bout de cinq matches, je mets un terme à cette aventure. La grossesse connaît des complications. Ma femme est hospitalisée. Par la suite, elle est dans l'obligation de rester couchée. Je m'occupe donc de nos trois fils. Plus le temps de m'entraîner, de participer aux rencontres de championnat. Je me consacre à ma famille. Au chômage, je touche des indemnités des Assedic. Paul et Mathis naissent début janvier 2002.

En octobre, Pierre Cangioni et Jean-Michel Ripat, qui ont succédé à Tapie en décembre 1994, me

---

1. Parmi toutes les personnes que j'ai croisées après mon départ de Marseille, plusieurs comparaîtront à partir du 13 mars 2006 dans le procès des comptes de l'OM, onze ans jour pour jour après l'ouverture du procès VA-OM. Parmi elles, Hervé Goursat, mais aussi Gilbert Sau et Rolland Courbis.

proposent une place au sein de l'équipe de Beaucaire, en National. Ils viennent de reprendre le club. Leur formation est dernière du championnat. Aucune victoire. Le marasme a déjà commencé. Personne n'est payé. Les deux dirigeants sont conspués. En guerre avec la mairie. Ils préfèrent se cacher. C'est l'apothéose du n'importe quoi. Heureusement, Christine est restée à Avranches avec les garçons. Elle m'incite à revenir. Pour elle, cet ultime défi n'a aucun sens. La cause est perdue d'avance. C'est une perte de temps.

En janvier 2003, je deviens l'entraîneur d'une équipe à la dérive. J'arrête de jouer. C'est l'opportunité de montrer ce que je peux réaliser. Chaque jour, un nouveau joueur apparaît à l'entraînement. Ils débarquent de Bosnie, de Croatie, d'Afrique...

Néanmoins, j'aime ce boulot. Malgré la galère, je termine la saison. J'ai la satisfaction de battre Angoulême. Seule victoire de la saison. Comme d'autres, Ripat et Cangioni ne tiennent pas leurs engagements.

En juin 2003, nous reprenons la route pour Angoulême. Nous sommes mal en point financièrement. De juin 1993 à février 1995, je n'ai touché aucun salaire. Et nous traînons depuis cette époque des traites impayées, des emprunts non honorés. Car, même si je gagnais bien ma vie avant, j'avais eu recours à des crédits pour certains projets immobiliers. Les appartements de Nantes, destinés à nos enfants, ont été vendus aux enchères. Nous voulions que chacun de nos fils ait le sien. Nous emménageons chez mes parents. Nos meubles sont stockés à Nantes, dans ma belle-famille. Avec Christine, nous sommes inquiets. Il ne nous reste que l'Austin mini, achetée durant notre époque marseillaise.

En novembre, nouvelle destination. Royan. Un club de division d'honneur régional. Je plonge dans cette énième aventure. Je rechausse les crampons. Une connaissance d'une connaissance nous permet d'obtenir une maison meublée. À Saint-Georges-de-Didonne. Pas besoin de caution. Chaque fois que je croise le propriétaire, je le remercie pour son grand cœur. Un coup de main précieux au cours de cette période si délicate. Nous y habitons de septembre à juin. Durant les vacances d'été, elle est louée à des vacanciers à des prix prohibitifs pour nous. Nous logeons alors dans un camping. Sous des tentes. Un ami de mes parents, partenaire du club charentais, m'embauche comme chauffeur-livreur. Après trois mois d'essai, le 1er avril 2004, je décroche un contrat à durée indéterminée, au SMIC.

Cet été-là, mon club organise un match amical entre Saint-Étienne et Monaco, entraîné par Didier Deschamps. Mon ancien coéquipier ne me voit pas, bien que je sois à quelques mètres de lui. Un coup malencontreux dans son tibia lui permet de recouvrer la vue.

— Oh ! Jean-Jaques.

Souriant, il m'embrasse, me serre dans ses bras.

— Comment tu vas ?

— Ça ne va pas. Je suis dans la merde. Il faut m'aider. Si, toi, tu ne peux rien faire pour moi alors c'est à désespérer.

— T'inquiète pas, Jean-Jacques, je m'en occupe.

— Je compte sur toi.

— Pas de problème, tu peux compter sur moi.

C'est ma dernière discussion avec lui. Ah ! la grande famille du foot. J'aurais préféré qu'il ne me fasse aucune promesse. Une phrase aurait suffi pour éviter une nouvelle déception. En même temps, son attitude ne me surprend pas.

En novembre, je me blesse à l'épaule. Pour la médecine du travail, impossible de reprendre mon poste. Mon employeur ne peut plus me conserver pour « inaptitude à tous les postes de l'entreprise ».

Juin 2005, une longue procédure de licenciement s'achève. Quelques jours plus tard, je remplis un dossier. Une demande de RMI.

29

Le deuxième rêve

« Malgré les apparences, tu as réussi ta vie. Tu as toujours gardé la même femme et tu as eu cinq enfants avec. Alors que la majorité d'entre nous... » Cette réflexion est celle d'un ancien coéquipier, croisé en 2003 au stade Vélodrome. Inconsciemment, il met l'accent sur un élément essentiel de ma vie. Mon deuxième rêve accompli : vieillir au milieu d'une grande famille. Fils unique, j'avais trop souffert de cette situation. Sans Christine, cela ne serait jamais arrivé.

J'ai une profonde admiration pour ma femme. Ses parents sont ouvriers. À dix-sept ans et demi, elle quitte la Mayenne et le cocon familial. Direction Paris. Elle est d'abord vendeuse dans un magasin de vêtements, dont, très vite, elle devient la gérante. Pour arrondir ses fins de mois, elle participe à des défilés de mode, réalise des photos pour Afflelou. Sans aucune aide, elle fait son trou dans la capitale. Quelques années plus tard, elle redescend vivre à Laval. Je la croise pour la première fois dans une boîte de nuit, vers 3 heures du matin. Elle sortait d'une répétition pour un défilé. Moi, j'étais en bringue avec des amis.

À cette époque, je joue à Tours, prêté par Nantes[1]. J'ai vingt et un ans. Elle, vingt-trois. Nous discutons. D'un coup, je me lève et, devant une centaine de personnes, je lance : « Je vous présente la femme de ma vie. C'est avec elle que j'aurai des enfants. » En réponse, Christine me fait comprendre de ne pas trop m'enflammer. Je ne suis certainement pas très crédible. D'autant que des connaissances communes lui font part de mes états de service dans les bars et les discothèques de la région. Ma déclaration d'amour ne semble pas la toucher... c'est le moins que l'on puisse dire. Malgré ma réputation, elle accepte tout de même de me revoir. À plusieurs reprises. Puis, je décide de ne plus nous fréquenter pendant six mois. J'ai besoin de réfléchir à cette fille si différente des autres. J'ai besoin de comprendre ce qu'il m'arrive, ce que je ressens pour elle. J'ai envie de m'engager, sérieusement. Sentiment nouveau, inconnu. J'ai donc de l'appréhension à tirer un trait sur une partie agitée de mon existence. Dans mon esprit, tout est limpide. Si je suis avec Christine, il n'y aura plus aucune autre femme. C'est ma conception du couple. Passé ce délai de réflexion, je la rappelle.

— Je viens te prendre. Nous partons en vacances en Tunisie.

Elle m'a attendu. Je ne suis jamais venu.

Quelques mois plus tard, je lui passe un coup de fil pour lui présenter mes vœux pour la nouvelle année.

---

1. Nantes me prête deux saisons consécutives. D'abord à Laval, pour l'exercice 1986-87. Puis, en 1987-88, à Tours.

— C'est maintenant que tu te réveilles. Ta bonne année, tu peux te la mettre où je pense. J'ai d'autres choses à faire dans ma vie que de t'attendre. Écoute Jean-Jacques, ce n'est pas grave. Tu fais ta vie de ton côté et moi du mien.

— Je n'ai pas changé d'avis sur toi. Je suis là dans deux heures avec mon père, je passe te prendre.

Certes mes hésitations ont pris de longs mois... Mais une fois ma décision prise, je ne reviens pas dessus. Nous passons huit jours à discuter dans une maison face à l'Atlantique. Elle quitte son boulot et accepte de venir s'installer à Nantes avec moi.

Le foot est un sujet dont elle ne connaît pas grand-chose. Excepté la forme du ballon... Elle ne tombe pas amoureuse d'une star. Plutôt d'un espoir qui n'a pas confirmé. Je galère. C'est ma traversée du désert. Elle se produit après la mort de mes deux potes du centre de formation, Seth Adonkor et Jean-Michel Labejof. Elle se prolonge. « J'ai été violemment perturbé par leur décès. J'ai vu la vie sous un autre angle. Le football m'est alors apparu comme quelque chose d'un peu dérisoire. Et ma façon d'exister n'a peut-être pas toujours été conforme à un milieu hyper professionnalisé. Mais je me rends compte aujourd'hui que, pour arriver au sommet, il faut faire des sacrifices, se consacrer 100 % au foot. L'ai-je suffisamment fait jusqu'alors ? C'est une erreur à laquelle je vais remédier[1]. » Beau discours, promesses sans lendemain. Nantes envisage de me prêter. Encore. À Alès, cette fois-ci. Mes deux prêts successifs n'ont pas ranimé ma flamme. Ce métier ne m'intéresse plus. Je veux raccrocher. Passer à autre chose. Christine

1. Interview parue dans *La Charente Libre*, 14 janvier 1987.

m'incite à ne pas baisser les bras. À me battre. Je lui avais tellement parlé de cette passion, profondément ancrée en moi.

— Ce serait dommage de tout laisser tomber. Cela fait tellement d'années que tu travailles pour vivre dans ce milieu. Et puis ce serait sympa que je te voie jouer au plus haut niveau, non ?

Sur ses conseils, je me présente au rendez-vous fixé par le directeur sportif, Robert Budzinski. Il me reçoit au centre d'entraînement de la Jonelière. L'entraîneur, Blazevic, m'adresse la parole.

— Toi, tu viens jouer contre Nancy, en amical. Jean-Claude Suaudeau m'a conseillé de t'essayer. Tu as une chance. C'est demain.

Ces cinq minutes transforment mon destin. Face aux Lorrains, je réalise une excellente prestation. Les Canaris me conservent dans leur effectif. Nous sommes en 1988.

Cette marque de confiance de Suaudeau, l'homme qui a le plus marqué ma carrière – ma référence dans le football –, et le soutien de Christine raniment mon envie de briller sur un terrain. Nous nous marions en janvier 1989. Johan naît en mai de la même année. Vient ensuite Antoine, au début de l'année 1991. J'ai une famille, des responsabilités. Je gagne en maturité. Moins d'excès. Je me donne à fond dans mon métier. Je laisse derrière moi mon parcours chaotique, même si je ne le renie pas. Il m'a permis de me construire au contact d'entraîneurs exceptionnels.

À Laval, Michel Le Millinaire, un véritable grand-père pour moi. Yvon Gublot, que je considère comme un père, à Tours. En 1991, je suis enfin performant. Je trouve ma place dans le onze type du FC Nantes. « Sa trajectoire si fragile a conduit Jean-Jacques Eydelie à devenir, en trois ans, l'un des meilleurs joueurs de transition du pays, un maillon attaque-défense terriblement doué, dit Jean-Claude Suaudeau. Il est super costaud, il va nous faire trente-quatre matches par an, les quatre autres, il sera suspendu. Il est éveillé dans la lecture du jeu. Techniquement, il a un toucher de balle merveilleux et un dribble efficace[1]. » Dans ce même article de *L'Équipe*, je n'occulte pas mes envies les plus fortes. « Je veux arriver au plus haut niveau et je sais que je vais y parvenir. » Ma femme m'offre l'équilibre, les repères dont j'avais besoin.

C'est le point de départ du chemin qui me mène à la Coupe d'Europe.

Sans Christine, je n'aurais jamais converti mes rêves en réalité.

Si je l'avais écoutée, je n'aurais pas plongé dans la magouille.

Juillet 1993. Avec Christine, nous formons le couple vedette du moment. Bien malgré nous. Des millions de Français attendent les rebondissements quotidiens de l'affaire VA-OM. Au cœur de l'été, l'actualité moins dense permet aux médias de couvrir le feuilleton de l'été dans ses moindres détails. Et, comme dans chaque série, les fidèles veulent tout connaître des personnages. Nous devenons la cible des paparazzi. Notre famille est épiée. Notre vie disséquée. Qui sommes-nous ? Un festival d'horreurs est donné en pâture aux lecteurs de certaines publications. Tous les magazines cherchent la faille. Tout est permis pour nous débusquer. Les journalistes de *Paris-Match* mettent le paquet. 300 000 francs pour

1. « Eydelie et l'école buissonnière », *L'Équipe*, 21 septembre 1991.

obtenir des photos de notre mariage. Un ancien coéquipier nantais leur vend notre intimité. Au fil des pages, des conversations privées, livrées sous le sceau de la confiance et de l'amitié, sont offertes en pâture au voyeurisme malsain des lecteurs. Nos témoins de mariage, Christian et Fernande, nous ont toujours promis et juré qu'ils n'avaient jamais touché d'argent.

En février 1994, un livre d'Antoine Casubolo dépasse les limites du soutenable[1]. Il lui suffit d'un paragraphe, neuf lignes, pour donner une certaine crédibilité à des rumeurs infondées, injurieuses à notre égard. Il fouille la poubelle de notre amour. Manque de chance, elle est vide. Propre. Immaculée. Il est donc obligé d'inventer, de supputer, d'échafauder des théories dignes des plus mauvais romans noirs. Jamais nous ne pensions que cela pourrait aller aussi loin dans l'ignominie. Un an plus tard, ce « journaliste » assiste au procès à Valenciennes. On me prévient qu'il est présent. Je le repère. Lors d'une interruption de séance, je me jette sur lui dans la salle des pas perdus. Mon intention est de le faire payer. Les gardes du corps de Bernès, que je connais bien, nous séparent. Il ne reviendra plus suivre les débats. Entre le 19 mai 1993 et le 28 novembre 1995, c'est mon seul dérapage.

Tout au long de cette affaire, notre univers s'effondre. Nos amis nous trahissent. Nous sommes seuls. Avec nos trois fils, nous formons un bloc indestructible. Peut-être que ces terribles journées nous

1. *Op. cit.*

unissent, Christine et moi, pour toujours. Elle souffre. Jamais je ne me le pardonnerai.

Christine a toujours désapprouvé ma participation à cette affaire de corruption des joueurs valenciennois. Mais elle m'a toujours soutenu. Elle m'est restée fidèle alors qu'il aurait été si facile de me quitter. Que serais-je devenu sans elle ? Nous sommes restés soudés, dans l'adversité.

Épilogue

Mai 1992. J'ai une très haute estime de moi. Mais ce n'est pas suffisant. J'ai besoin du regard des autres pour me le confirmer. Séduire, sans décevoir. Prouver sans cesse mes qualités. Celles de l'homme. Celles du joueur. Je suis un bon footballeur professionnel. Marseille et une victoire continentale représentent les meilleurs moyens de démontrer ce que je vaux. Je cours après cette reconnaissance. Quel qu'en soit le prix.

Mai 1993. Prendre une décision. Oui ou non. Personne ne nous apprend ça dans les écoles de foot. Penser. Décider. Dans les centres de formation, dans les clubs, nous sommes des assistés.

Si je refuse, je ne dispute pas la finale de la Coupe d'Europe des clubs champions. Adieu, le rêve.

Si j'accepte, je peux remporter le plus prestigieux des trophées. Oui, j'accepte de contourner les règles du jeu, la loi française.

J'aurais dû envoyer balader Tapie et Bernès. Les termes de « bandit », « voyou » n'auraient ainsi jamais été associés à mon nom. Je n'avais rien à faire avec eux. La tornade Tapie m'a entraîné dans son sillage. On m'a éduqué pour obéir à mon patron. C'est ce que j'ai fait.

Le football vous apprend à mentir. Ne pas avouer le fond de sa pensée. Ne jamais critiquer le coach ou le club pour ne pas subir la mise à l'écart. Cacher une blessure pour ne pas perdre sa place dans le onze titulaire. Robert Pirès, aujourd'hui, comme bien d'autres avant lui, en est le meilleur exemple. C'est un milieu où l'on a peur de la vérité. Dès l'âge de quatorze ans, dans les centres de formation, on enseigne deux choses : fermer sa gueule et courir sur le terrain. Devant Beffy, de Montgolfier, Langlade, je récite ma leçon.

Je suis entier, franc, excessif parfois. Face à Tapie et Bernès, au nom de mon ambition dévorante, j'ai agi à l'opposé de ma personnalité. J'ai accepté l'inacceptable. Puis j'ai travesti la réalité. Cela m'a conduit en prison.

J'ai porté Tapie en triomphe. Je ne renie pas les gens aussi vite, surtout après un titre de champion d'Europe. Je n'oublie pas que c'est lui qui m'a recruté. Il a cru en moi. C'est l'unique chose que je lui dois. Sinon, avec ses mensonges, il me prend pour un con, du début à la fin.

Glassmann a assumé ses responsabilités. Il a gardé une ligne de conduite. Il n'a plus jamais retrouvé de club professionnel. Il a brisé l'omerta. Le monde du football le lui a fait payer. Je sais pourtant qu'il n'a pas agi de la sorte pour devenir la caution morale d'un milieu sans éthique.

J'en veux toujours à Robert, à sa femme et à Burruchaga. Pour accréditer leur confession, ils m'ont balancé. Ils savaient que je n'étais qu'un pion. Étaient-ils obligés de me citer ? À leur place, je n'aurais pas tenté de sauver la face en fracassant un ami.

Avec VA-OM, je redescends sur terre. Je quitte mon confortable nuage de footballeur. J'ouvre les yeux sur ce milieu. Ses méthodes. Son fonctionnement. Ses petits arrangements.

Cette affaire m'a permis de grandir. Je suis devenu adulte. Aucun joueur n'est préparé à endurer de telles épreuves. Je suis surpris de ne pas être allé plus loin dans mes mots et dans mes actes. Avec le recul, j'en suis convaincu… gagner, à ce prix-là, n'en vaut pas la peine.

Malgré tout, je reste champion d'Europe.

Mars 2006. J'espère pouvoir passer mes diplômes pour devenir éducateur sportif. Désormais, je pourrai regarder en face les enfants et les adolescents dont j'assurerai la formation. J'en suis convaincu, un jour, un président de club s'attachera mes services. En attendant, chaque dimanche, je porte le maillot de Saint-Georges-de-Didonne, un club de deuxième division de district. Je me régale. De plus, je joue avec mon fils. Johan et moi dans la même équipe… C'est du bonheur.

Remerciements

Que François Sorton, directeur de la publication de *Miroir du football*, l'équipe des éditions de l'Archipel et Jérôme Pescheux soient remerciés.

Merci à Nathalie Fradique, pour son aide, sa patience, et pour Enola.

En souvenir de Patrice, Fred et Franck.

Table

Cet ouvrage a été composé
par Atlant'Communication
aux Sables-d'Olonne (Vendée)

Impression réalisée sur CAMERON par

BRODARD & TAUPIN
GROUPE CPI

La Flèche
en février 2006
pour le compte des Éditions de l'Archipel
département éditorial
de la S.A.R.L. Écriture-Communication

Imprimé en France
N° d'édition : 919 – N° d'impression : 34354
Dépôt légal : février 2006